博瑞森图书
BRACE

企业阅读 本土实践

管理·人文·生活

两化融合
管理体系贯标
流程与方法

戴勇　张华杰　张百荣 ◎ 编著

The Process and Method of
Integrating Two
Management Systems

中国青年出版社

律师声明

北京市中友律师事务所李苗苗律师代表中国青年出版社郑重声明：本书由著作权人授权中国青年出版社独家出版发行。未经版权所有人和中国青年出版社书面许可，任何组织机构、个人不得以任何形式擅自复制、改编或传播本书全部或部分内容。凡有侵权行为，必须承担法律责任。中国青年出版社将配合版权执法机关大力打击盗印、盗版等任何形式的侵权行为。敬请广大读者协助举报，对经查实的侵权案件给予举报人重奖。

侵权举报电话

全国"扫黄打非"工作小组办公室　　　中国青年出版社
010－65233456　65212870　　　　　010－50856057
http://www.shdf.gov.cn　　　　　　　E-mail:bianwu@cypmedia.com

图书在版编目（CIP）数据

两化融合管理体系贯标流程与方法/戴勇，张华杰，张百荣编著．—北京：中国青年出版社，2019.5
ISBN 978－7－5153－5551－1

Ⅰ.①两… Ⅱ.①戴…②张…③张… Ⅲ.①工业企业－企业信息化－研究－中国 Ⅳ.①F425

中国版本图书馆 CIP 数据核字（2019）第 053163 号

两化融合管理体系贯标流程与方法

戴勇　张华杰　张百荣/编著

出版发行：中国青年出版社
地　　址：北京市东四十二条 21 号
邮政编码：100708

责任编辑：刘稚清
封面制作：久品轩

印　　刷：河北宝昌佳彩印刷有限公司
开　　本：710×1000　1/16
印　　张：15.75
版　　次：2019 年 7 月北京第 1 版
印　　次：2019 年 7 月第 1 次印刷
书　　号：ISBN 978－7－5153－5551－1
定　　价：158.00 元

导读

两化融合的起始点可以追溯到原国家计委在2000年布置的"信息化带动工业化，加速现代化进程"的研究课题。2007年，两化融合被写入中央建议；2012年，两化深度融合被写入中央建议。2008年，工业和信息化部成立，推动两化融合成为工信部的重要职责。之后，工信部根据党中央、国务院的部署和职责要求，积极探索推进两化融合的实践路径，分别在企业、区域、行业提出了两化融合的目标、方向和路径，提出了两化融合标准体系，推动两化融合管理标准成为国家标准，并进一步推动其成为国际标准。

在这样的背景下，工信部开展了两化融合管理体系贯标工作，作为推进两化融合实践路径的重要抓手。咨询团队积极响应工信部的自2014年开始组织的两化融合管理体系贯标工作，在经过将近四年的时间里，为企业提供了大量的两化融合管理体系贯标辅导工作，助企业在两化深度融合路径上一臂之力。

在为企业提供两化融合管理体系贯标辅导工作过程中，我们深感缺乏一本能帮助企业快速了解两化融合管理体系、能随时查阅的手册，以应对企业相关人员在繁忙的工作之余，还能随时翻阅理解两化融合管理体系，便于企业两化深度融合的推进。

于是，笔者就有了编写本书的想法，让企业参与两化融合管理体系贯标工作的相关人员能更加直接、简单、有效地掌握两化融合的基本概念、相关国家标准、贯标过程。经过将近四年的贯标实践，笔者发现，两化融合贯标辅导工作要顺利进行，主要取决于如下四点。

第一，企业对两化融合的重视程度。重视程度不仅仅是最高管理者出面、说句话动员，关键还是战略—核心竞争优势—新型能力的循环与企业的特点、所处阶段相吻合，最高管理者对新型能力的思考到位，需求迫切，并通过管理者评审环节把握两化融合的方向。

第二，管理者代表的枢纽环节至关重要。管理者代表不仅对企业的业务情况非常了解，还需要对两化融合管理体系有透彻的理解，并能将企业的业务和两化融合管理体系有效结合，起到承上启下的作用。

第三，各级管理者的思维习惯。两化融合涉及大量工业技术和信息技术的专有名词，需要纳入各级管理者的思维习惯。只有各级管理者的思维中有了两化融合这根筋，两化融合才能真正落地。

第四，专业的咨询机构介入。由于以上三点，两化融合管理体系贯标工作在专业的咨询机构介入下能更顺利地完成。咨询机构的价值主要在于帮助企业做贯标文件的准备、对企业新型能力等的深入思考、与企业管理团队的高效沟通、与评定机构的高效沟通等。

笔者也曾纠结，两化融合管理体系贯标这项工作，上有国家标准、下有各类其他体系参照，这样一本贯标服务指南的价值在哪里？经过与贯标辅导团队的交流，我们确认：本书可以作为平常没有完整时间去应对评定机构访谈的企业管理团队手边书，随时翻看理解两化融合管理体系的基本内容和过程，也适合有兴趣了解两化融合标准体系基本内容的读者翻阅。因此，本书也考虑了这一特点。

第一部分主要理解两化融合管理体系出台的背景，阐述了新的环境下企业面临的机遇和挑战、两化融合的兴起与演进和两化融合理论精要。

第二部分主要讲述了两化融合管理体系贯标过程，包括首次贯标的三阶段工作、首次贯标后的工作，并用场景化的呈现帮助企业形象地理解两化融合管理体系贯标的整个过程。

第三部分的内容则集中在两化融合的下一步工作，主要介绍了两化融合"十三五"规划的内容和工信部在推进两化融合下一步的工作重点与举措。

附录部分收集了两化融合相关概念作为扩展阅读，包括工业互联网和大数据、智能制造及新一代信息技术。

每位读者可以根据自己的需要选读其中的章节。

对于正在开展和准备开展两化融合管理体系贯标工作的企业读者，我们建议第一、第二部分必读，其他内容要通读。各位读者可以根据企业开展工作的阶段自行安排时间，可以有所侧重。

对于有兴趣了解两化融合标准体系基本内容的读者，我们建议读第一部分就可以了，有时间可以看第三部分和附录。

为了更好地帮助企业做好两化融合管理体系贯标工作，我们在本书中每一章后面都列了本章小结和复习思考题。本章小结主要是本章的主要观点汇集，第一部分的复习思考题主要是帮助读者巩固相关内容；第二部分的复习参考题我们选取了评定机构常问的一些问题，帮助读者应对评定机构时"顺利过关"。

由于笔者能力有限，文中的不足之处敬请批评指正！

戴 勇

yorkdai@163.com

2019 年 3 月 8 日

前言

两化融合管理体系贯标是一项从企业战略出发的系统工程，其工作本质上是一场思维的革命，企业员工尤其是企业领导要从思维方式转变开始，接受体系的思想，理解体系的逻辑，并在实际工作中加以应用和推广，才能真正发挥两化融合管理体系的价值。

回顾我们交付团队自2014年下半年开展的贯标咨询项目发现，企业在实际工作中还有许多需要切实开展和加强的工作，这些工作不能指望通过贯标咨询项目完全解决，更不能指望一套文件就能将企业中的顽症消弭于无形。一些具体的症状如下。

1. 战略管理思想缺位

有些企业员工理解的战略就是挂在墙上的口号，没有实际意义，甚至有些企业的领导也是这样的想法；有些企业没有完整清晰的战略表述，战略只停留在领导的脑子里；有些企业制定出了战略，却因为这样那样的原因，不愿意向员工宣贯，视之为"公司机密"；有些企业把领导的讲话寻章摘句引用，凑在一起就形成了企业的战略。

以上这些做法都是不对的。战略管理有严密的逻辑和规范，从对企业内外部的情况分析、标杆企业研究对标、自上而下地分解与自下而上地反馈、战略制定、战略实施、战略跟踪与监控、战略转型与调整等。

两化融合管理体系强调战略的一致性原则，企业的运营应该以企业战略为核心，通过战略目标的确定、战略举措的分解，使全员树立战略的思维，并将战略与日常工作挂钩，这样才能实现真正的战略落地。

2. 信息规划缺位、信息孤岛林立

有些企业在上马信息系统的时候，没有从企业的发展考虑，只是为了上项目而上项目，没有考虑系统之间的联系，从而造成了企业信息系统很多，形成了"信息孤岛"，彼此没有打通、没有实现集成，数据存在于不同的系统中，不能实现共享共用。

两化融合强调以获取可持续性竞争优势为关注焦点，以战略一致性为核心，从企业的全局出发，规划企业的信息化和自动化系统的融合，统一数据规范，确保数据端口的兼容性，便于数据的统一开发利用和整合，使数据的价值真正得以体现。数据的开发利用是两化融合的关键，企业如能借助两化融合管理体系贯标工作深入思考和重点突破，必将找到突破口，为企业的发展带来福音。

3. 流程管理流于形式

有些企业制定了林林总总的规章制度，制度中也往往包含各式各样的流程，但是在实际操作中，却很难按照流程执行。大家按照以往"约定俗成"的惯例办理各项事务，流程是只存在于纸面上的东西；有的企业利用移动互联网搭建企业的办公平台，却因为领导使用不习惯，而导致网上审批无法开展，退回到手工签字审批的状态。

我们一直强调两化融合是一把手工程，如果新型能力的策划得到企业领导的认可，系统上线得到相关部门的评审，实际操作中就应该不折不扣地执行。领导干部以身作则，率先垂范，才能保证执行的效果。

云计算、大数据、物联网、移动互联网的应用已经日益深入企业，企业要勇于拥抱新技术、采用新技术，并确保新技术带来的改变可以对企业产生新价值。不能因为以往工作的惯性就对新技术裹足不前，那样只能使企业丧失发展的动力。

4. 项目管理机制未建立

有些企业没有建立起项目管理的机制和方法，立项匆忙草率、项目实施没有实现闭环、没有项目后分析，甚至部分项目过程文档保管不到位，造成文档缺失和不完整，影响后续的维护升级。

两化融合管理体系从整个框架讲是一个 PDCA 的大循环，从实施过程讲也是一个 PDCA 的循环。企业应该建立起项目管理的机制，项目不论大小，管理规范统一，步骤明确，便于操作，也有利于后续的跟踪监督工作的开展。

我们的贯标辅导团队中，既有管理体系专家，也有信息化规划的专家、战略咨询专家、项目管理专家，可以为服务的客户提供全方位的辅导。实际的贯标辅导中，我们也会根据企业的现状和实际需求，将IT规划的内容、战略管理的内容、流程优化的内容、项目管理的内容融合到贯标过程中，确保企业的实质贯标，有效落地。

知识很重要，知识的传递更重要。在贯标辅导过程中，我们也注意将工作的方式方法、工作中使用的工具范例，传递给企业相关人员，不但完成贯标辅导工作，同时也为企业培养两化融合方面的人才。完善企业的知识管理，将知识传递给企业，为企业带来真正的价值。

我们希望与企业携手，借两化融合管理体系贯标的契机，诊断企业的管理问题，提供针对性的解决方案。贯标通过获得认证只是"及格分数线"，通过我们提供的附加价值，一方面使企业实现本质贯标；另一方面培养相关人才，实现企业管理水平的改进和提升，这是我们一直追求的"优秀分数线"。

目录

导读　I

前言　V

第一部分　两化融合概述　001

第一章　新的环境下面临的机遇和挑战　003

引例：海尔的持续创新　005

第一节　中国制造业的危机　012

第二节　不确定性的环境　016

第三节　企业的社会角色　019

本章小结　022

复习思考题　022

第二章　两化融合的兴起与演进　023

引例：中国石化集团推进两化深度融合，
　　　打造世界一流企业　025

第一节　两化融合的重要意义　030

第二节　两化融合管理体系的兴起与
　　　　发展趋势　031

第三节　两化融合管理体系的推广策略　038

第四节　两化融合管理体系推广应用成效　047

第五节　两化融合生态系统与标准体系　049

本章小结　056

复习思考题　056

第三章　两化融合理论精要　057

第一节　两化融合管理体系的主要内容　059

第二节　两化融合管理体系的基本框架　089

第三节　两化融合评估诊断和对标引导　103

第四节　两化融合管理体系的实施重点　121

第五节　两化融合国家标准的试行与
修订完善　125

第六节　与常见管理体系的比较分析　129

本章小结　133

复习思考题　133

第二部分　两化融合管理体系贯标过程　135

第四章　两化融合管理体系贯标过程指南　137

第一节　两化融合管理体系贯标过程综述　139

第二节　两化融合管理体系建立阶段的工作　143

第三节　两化融合管理体系实施阶段的工作　148

第四节　两化融合管理体系评定阶段的工作　153

本章小结　156

复习思考题　157

第五章　贯标后续工作指南　159

第一节　保持和改进阶段的工作概述　161

第二节　年度检查　162

第三节　复核评审　163

第四节　持续塑造新型能力　165

本章小结　174

复习思考题　175

第六章　案例实操场景举例　177

第一节　场景一：机构选择　179

第二节　场景二：贯标启动　181

第三节　场景三：现状调研　184

第四节　场景四：对标诊断　185

第五节　场景五：体系策划　187

第六节　场景六：文件编写　192

第七节　场景七：启动试运行　194

第八节　场景八：内部审核　197

第九节　场景九：管理评审　200

第十节　场景十：外部评定　202

本章小结　204

复习思考题　205

第七章　两化融合下一步工作重点　207

第一节　两化融合"十三五"规划　209

第二节　两化融合下一步　222

本章小结　227

复习思考题　228

附录　2018两化融合推进大会两化融合咨询机构代表发言　229

参考文献　233

后记　235

第一部分
两化融合概述

第一章

新的环境下面临的机遇和挑战

引例：海尔的持续创新

"企业规模越来越大的时候，可能市场有新机会，但是你发现不了，等你发现了，机会已经过去了；或者你发现得挺早，可等你内部协调完各个组织，机会又被别人拿去了。"

——张瑞敏

海尔集团是一家独特的企业，是全球大型家电第一品牌，2016年海尔大型家用电器零售量占全球市场的10.3%，居全球第一，这是自2009年以来海尔第8次蝉联全球第一。同时，冰箱、洗衣机、酒柜、冷柜也分别以大幅度领先第二名的品牌零售量继续蝉联全球第一。海尔在全球有十大研发中心、21个工业园、66个贸易公司、143330个销售网点，用户遍布全球100多个国家和地区。在当今的互联网时代，海尔致力于从传统制造家电产品的企业转型为互联网企业，颠覆传统企业自成体系的封闭系统，变成网络互联中的节点，互联互通各种资源，打造共赢新平台，实现利益各方的共赢增值。

一、COSMO 平台

近年来，以大数据、云计算、物联网、移动等为代表的新一轮科技革命席卷全球，与信息技术、经济社会以前所没有的广度和深度交汇融合，并深刻改变着人们的生活、工作和思维方式。在这一进程中，数据成为重要的基础性战略资源。作为最早探索智能制造的中国企业，海尔很早就开始探索大数据对工业制造领域的作用。

随着探索的逐步深入，海尔运用大数据及互联网探索方面的先进成果，推出了中国首个自主创新的工业互联网平台——COSMOPlat。COSMOPlat 以互联工厂模式为核心，改变了传统工业制造中单纯"以机器换人"模式，让用户全流程参与产品设计研发、生产制造、物流配送、迭代升级等环节。在"人单合一"模式的引导下，COSMOPlat 真正体现了该模式的本质，即"用户付薪"，也就是用户愿意定制企业的产品。它能让用户全流程参与进来，从提出设想到设计、下单，再到最后拿到产品，用户可以看到定制产品的全过程，产品生产出来直接送到用户家中。

不仅仅是冰箱，依托 COSMOPlat 这一平台，海尔投产的胶州空调互联工厂使用"流数据"技术进行噪声智能检测，实现了行业唯一、全球引领的零漏检。基于用户端体验空调网器每天产生的 1 亿条大数据和其中 12% 的用户静音需求数据，在生产制造端每天产生 4000 万组生产大数据，其中噪声大数据达到 50 万组，真正实现了用户需求与大数据的实时对接和闭环。

COSMOPlat 除了体现以用户需求为中心外，还展现了其超越行业的开放性。其他企业可以迅速复制海尔的互联工厂模式，应用海尔 COSMOPlat 的领先成果，快速实现由大规模制造向大规模定制的转型。目前，海尔 COSMOPlat 平台上聚集了上亿的用户资源，同时还聚合了 300 万 + 的生态资源，能够帮助越来越多的企业实现智能制造升级。

从国内到国外，短短 4 个月时间里，海尔 COSMOPlat 的身影已遍布澳洲、欧洲和美洲，不仅代表中国制造成为"国家模式"，更走出国门成为世界工业领域的风向标。2018 德国汉诺威工业展上，海尔 COSMOPlat 大放异彩。以用户终身价值为核心的资源全流程互联互通的工业互联网切入模式受到追捧，用户互联、设计众创、工厂竞单的流程再造深入人心。如图 1-1 所示。

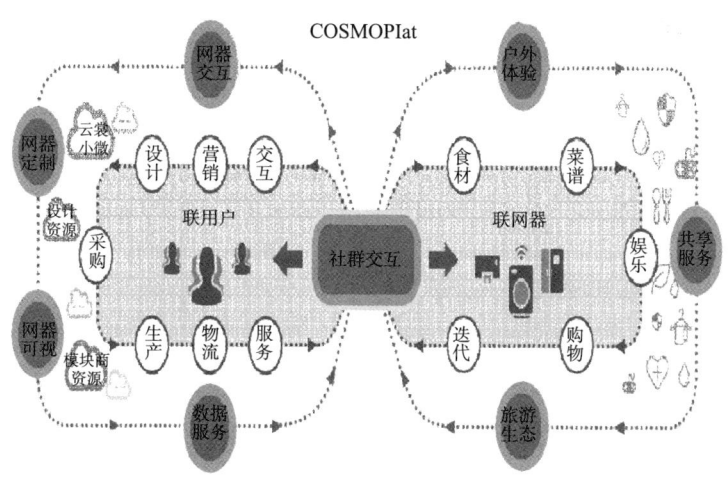

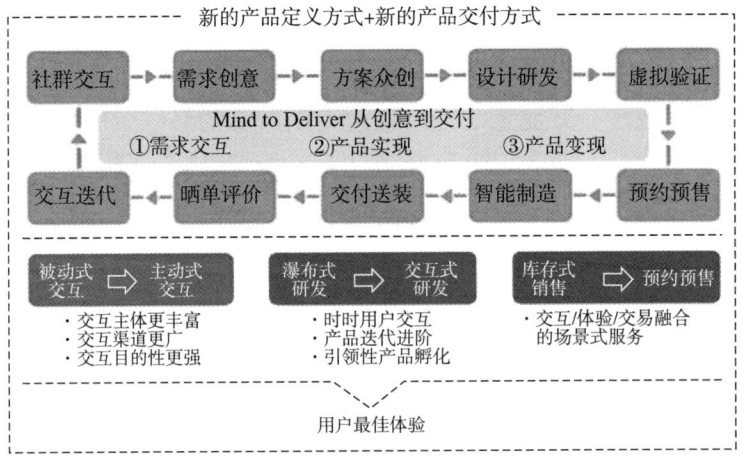

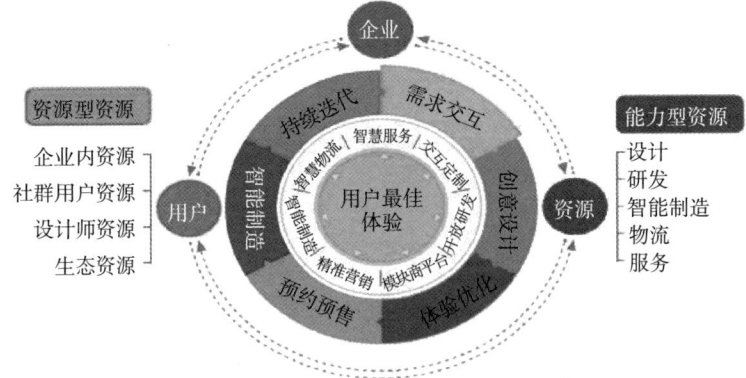

图 1-1 海尔 COSMOPlat

二、组织创新

（1）海尔做到这一点有两个重要节点：

·2005 年，海尔推行"人单合一"制度——允许个人可以跨职能部门发起项目，就某一新品或新项目组成自主经营体。

·2012 年，张瑞敏干脆把公司底层架构，即采购、研发、生产、销售、人力资源、财务等供应链上的职能部门全"拆"了，形成几千个有各自财务报表的虚拟小微公司。

完成这一步之后，张瑞敏觉得海尔算是进入一个新境界——"不再是一个指令性组织，而是变成了一个创新性平台"。海尔通过人单合一的模式将企业变成创业平台。通过这种探索，海尔将企业逐渐从封闭的组织变成了开放的组织。（海尔总裁周云杰语）

在成为平台之后，海尔的层级消失了，同时消失的还有1万多名中层管理人员。目前这个平台上只有三类人：平台主、小微主和创客。"对于每一个创客来说，新的发展动能来自驱动机制，主要是激励机制或者薪酬制度的创新。"

核心问题就是激励机制。创业要先解决激励问题，全世界的企业在激励机制上主要有两个弊端：一是企业股权不能量化到每个人；二是股权或期权的分配不是跟个人所创造的市场价值挂钩，不能激励所有人的积极性。

海尔解决这个难题的创新探索是基于人单合一理论的创客所有制。它包含了三个特点：

一是用户付薪。创客的薪酬不是领导决定，而是用户决定，我们叫用户付薪。创客只有为用户创造了价值，自己才能分享价值。

二是资本社会化。创客小微一定有社会资本的参与，有外部风投投资，企业才会投，创客也必须跟投。

三是动态优化。创客的股权是动态的，创造价值大，股权就多，没有创造价值，股权就不存在。

人单合一实践中很大的创新点，体现了风险共担、收益共享的原则。"这个思路比较好地调动了全员的积极性，是创客所有制目前正在做的重要探索。"同时，海尔推行的创客所有制是自愿原则，建立这样的机制框架和模型后，全员创客可以选择是否进入这一体系。"目前我们这个机制推行以后，真正的创客都会选择进入，因为它有足够的想象空间。"（海尔总裁周云杰语）

（2）构造生态：从四个基本要素做起。

海尔目前的举措，都在潜移默化地打造着一种生态体系，而且不是传统意义上的以海尔为一个核心的大生态环境。海尔生态最重要的特征有四点：

·这个生态是真正开放的系统。不是封闭的闭环，封闭就不能称为"生态系统"。

·这个生态可以自我演进。海尔的平台没有了层级，去中心化、去中介化后变成一个自行演进的体系，进行自我淘汰、优胜劣汰的进化。

·这个生态能和其他生态系统做到互为生态。海尔本身的生态体系是一个节点，如果是一个智慧家庭平台，那么微软甚至苹果可以成为这一生态中的节点。同样，在其他企业的生态中，海尔也可以融入并成为其中一个节点。

·海尔的生态要具备与时代特点和自然生态的相关性。可以说，如果海尔营造的生态与自然界的生态有冲突，或者与时代特征有冲突，这种生态的生命力就会有很大问题。海尔的平台要完全打开企业边界，对全球资源进行开放。

三、目标：打造全球制造业第三极

就海尔自身企业特点而言，其基因就是制造业，是一个立足于家电领域的制造业巨擘。因为处在云计算、大数据和人工智能推动下的转折点，全球制造业都在探索如何在新的时代立足潮头，而工业互联网正是制造行业最现实的时代发展特征。

面对工业互联网对制造业潜移默化的影响，海尔也在关注这一新的信息技术与先进制造业深度融合的新生事物。如何在企业自身管理变革、经营模式变革、生态环境演进中改造新的基础设施、应用模式与新兴业态，是海尔最现实的问题，也是海尔经过多年自我驱动、主动探索、融合智能制造模式后，自主研发出面向制造业的COSMO平台（互联工厂模式）的重要原因。

从制造业中来，向制造业中去。所有的变革，最后要印证的都是海尔在工业互联网时代，能否赢得市场认可、能否成功创造价值。海尔如何看待互联网思维，如何看待机器换人及工业4.0的演变？对此，张瑞敏曾指出，机器换人是手段不是目的，因为它只解决了一个问题：高效率。它解决不了另外一个问题：高精度。互联网时代要的不是高效率，而是高精度。

在今天的海尔看来，高精度对应的是用户个性化需求，海尔互联工厂是通过互联网将用户的需求连接起来，更多考虑的是让用户参与产品设计研发、生产制造、物流配送、迭代升级全流程。"结合物联网把用户和互联工厂连在一起，并不是要解决所谓高效率问题，而是要解决高精度问题，让企业能够跟用户的需求对应在一起。"

目前工信部正在代表国家推动中国制造2025，包括对海尔COSMO平台也给予了很多支持。"相信COSMO平台会作为一个重点示范样板推进，成为非常好的样板模式，我们非常希望成为世界第三极。"

相对于德国工业 4.0，以及美国的工业互联网两大体系，海尔对中国制造的理解，尤其是 COSMO 平台在新时代特征下的成功，无疑将成为打造"世界第三极"的关键因素。

海尔自身有 108 家工厂，目前已经按照 COSMO 平台的运作构建了沈阳冰箱、郑州空调、佛山滚筒、胶州空调、青岛热水器、FPA 电机、青岛模具和中央空调 8 个互联工厂样板，涵盖了家电全产业、全行业。在 2017 年，还将有 4 家工厂要进行改造。

未来这个平台将并不局限于海尔内部，而是通过资源共享，服务于千千万万的企业，共同实现智能制造的转型升级。就如同前面所描述的大生态模式，海尔希望通过吸引更多的有意愿提升智能制造的企业，构建起多个双边生态市场，去帮助企业实现制造升级，满足用户的个性化需求。

第一节 中国制造业的危机

从海尔的案例中可以看出，制造业企业需要持续变革才能适应时代的变迁，生存下去，而两化融合是重要的抓手。

一、中国制造业面临四大危机

（1）技术危机：不重视核心技术、太过重视营销，对知识产权不尊重。

能帮助长寿公司度过危机的往往是核心技术与品质。自古以来，好产品的品牌主要靠时间沉淀，靠市场传播发力。产品和市场本是相互依存的关系，好的产品推动市场发展；好的市场呼唤更多好的产品，二者相得益彰、互相促进。但现在的中国制造业，过度依赖所谓的市场营销，过度渲染所谓的市场化，走向低价竞争，走向极端成为目前中国制造企业面临的大问题。

随之而来的是对知识产权的不尊重。中国制造的仿制问题、山寨问题、投机取巧问题，无不折射出这方面的问题。相当数量的企业，对原创技术的漠视，对技术方案的不尊重到了非常严重的程度。

（2）"管理"危机：过多的"管理"导致管理成本居高不下。

中国的制造企业，管理人员多，管理证书多，宣传的各种"管理模式"多，但实际深入企业调研之后会发现，企业内部"部门墙"依然厚重，打造流程化、客户导向的组织体系依然任重道远，没有闭环的管理比比皆是。

在德国和日本，优质的零件和部件制造商，工厂、公司的领导、干部并不多；走遍了世界最先进的制造大国、强国，即便赫赫有名的整机厂商也没有那么多管理人员。

在制造强国，技术是最被尊重的，对技术的领悟能力和创造能力是备受尊重的。技术人才不需要走管理通道就可以有很好的待遇，可以在自己喜欢的领域持续稳定发挥自己的特长，"工匠精神"也就有了很好的载体。

（3）"人才"危机：职业化的人才和专业人才留不住。

工业尤其是大工业一定得强调连贯性、计划性，这就需要靠专业的技术队伍和职业化的人才团队来支撑。由于没有经历过工业化时代，在中国的制造企业里，农民工或者说农民工式的思维方式仍然存在于大部分中国制造企业之中，契约精神远远未能建立，无论是产品质量还是产业团队的创新、创造能力方面，面对工业强国的优质产品大多不堪一击，只能靠质次价低抢夺低端市场。未来的中国制造企业，严重缺乏训练有素的产业团队。

同时，中国制造企业很难聚集有职业操守的职业经理人。虽然说企业和员工之间的劳资关系在世界范围内均是矛盾体，但多数工业国家之间的劳资关系并未像中国企业这样说不明道不清。在中国制造型企业，众多的跳槽和不忠诚现象反映了员工对老板和领导的不信任。反之，老板和领导对下属和员工的不信任同样常见，不少企业甚至连对员工的最基本信任都没有。企业和员工之间的契约关系非常脆弱。

（4）企业文化危机：精致的利己主义，没有底线的潜规则。

从长寿公司的研究来看，长寿公司的优质产品，负责任的企业价值诉求符合全人类。社会追求和社会责任均引领着时代、顺应着时代发展。只有承担了社会责任的公司，才能在危机到来的时候获得社会资源的支持。在有责任的企业里都树立了"企业利益至上"的文化，都立下了"高压线"，在管理规范和管理机制上建立起防范体系。

中国制造企业在商务上还存在很多问题，最严重的是在采购和销售端的腐败问题，以至于中国制造形成了近亲繁殖、权力寻租。大型制造企业形成了汽车、电信、石油、工程机械、钢铁、铁路装备、煤炭、农业机械、电力、橡胶等体系内循环，"靠山吃山，靠海吃海"，而民营制造企业陷入了没有底线的潜规则。

二、当前中国制造业企业有四个主要发展瓶颈

（1）装备化基础薄弱。

设备自动化、信息化平均水平低，设计、工艺、制造、管理等知识经验沉淀不足，现代研发、生产、管理的装备化还未实现。

（2）流程管理缺位。

流程管理的理念文化缺失，流程动态信息难以采集，流程的固化都较难实现，更勿论规范化和优化重组。

（3）企业管理与信息化两张皮。

重技术、轻管理，旧管理体制、思维模式难以支撑信息化务实推进和成效发挥。

（4）两化融合环境下的企业关键能力不足。

两化融合总体处于单项覆盖向集成提升过渡阶段，难以从企业可持续发展的全局层面，按照战略和竞争优势的需求快速形成信息化环境下的新型能力。

截至2018年3月月底，2017年中国企业的生产设备数字化率45%，而数字化设备联网率仅为39.2%，ERP普及率58.2%，PDM普及率31.3%，MES普及率21.8%。

仅少数企业创新能力提升迅速，实现创新驱动的可持续发展模式，成效显著。知识产权保护机制有待完善，创新人才仍难以满足快速增长的需要。

亟须破除一切不合时宜的思想观念和管理机制弊端，突破利益固化的樊篱，构建系统完备、科学规范、运行有效的制度体系。

第二节　不确定性的环境

当今时代面临大变革,世界从工业经济向数字经济加速转型过渡。

一、新时代

信息化和工业化是两个历史发展阶段,信息化和工业化融合(两化融合)是两个历史进程的融合发展,信息化不仅带动工业化,还要带动和促进一切与工业化相伴随的历史进程,使之融合发展。

随着信息通信技术的广泛、深度运用,以及新模式、新业态的不断涌现,一个数字世界正处在加速构建过程中。数字世界成为新的经济发展动能,发展数字经济成为未来企业转型升级的方向。

二、新格局

国际产业格局面临重大调整,围绕抢夺制造业制高点的竞争愈演愈烈,各国结合自身产业发展优势加强战略总体布局和理论方法创新。

在这场竞争中,标准是基础、数据是灵魂、集成是重点。也就是说,将来谁的标准能被更多地接受、谁能更好地发挥数据的价值、谁能做到更好的集成应用，谁就能抢夺到制造业制高点。

美国：工业互联网——占据新工业世界翘楚地位，拥有软件和互联网产业领先优势；传统工业物联网式互联互通，大数据职能分析和智能管理。美国逐渐形成了工业互联网参考架构，构建基于CPS构建开放且全球化的工业网络。

德国：工业4.0——引领全球制造业潮流，强大的机械工业制造基础，纵向、横向、端到端集成，德国逐渐形成了工业4.0参考体系架构，实现基于CPS的智能化生产。

中国：制造2025——制造大国向制造强国转型。以两化融合为主线，以智能制造为主攻方向。中国搭建了两化融合标准体系框架，以数据开发利用为驱动，以新型能力建设为主线，实现中国制造业转型升级。

三、新引擎

数据成为驱动经济社会发展的新生产要素，社会化组织管理成为驱动经济社会发展的新要求。

在数字经济时代，数据成为驱动经济社会发展的新生产要素。正如农业经济时代，土地和劳动力是驱动经济社会发展的生产要素；工业经济时代，资本和技术是驱动经济社会发展的生产要素；在数字经济时代，数据和人工智能（也就是大数据和新型能力）成为驱动经济社会发展的生产要素，区别于之前的时代。

新一轮产业革命背景下，信息技术高速发展加快促进形成新型生产体系，生产力与生产关系均面临创新和变革。在国家层面，急需在劳动力、技术、资本、体制机制四个方面面临创新和变革；在企业层面，需要在技术、人才、管理、资本、装备五个方面开展创新和变革。数字经济时代的社会需要形成社会化的组织管理，以适应新的生产力。

由于中国企业真正发展时间不长。重经营、轻管理带来的管理短板效应在新技术背景下存在再度放大的可能，在中国推进两化融合需要技术与管理并重，才能真正体现效果。

四、新动能：创新驱动促进经济可持续发展

中国经济发展进入新常态，新旧动能转换需求迫切。传统动能遇到经济发展瓶颈，依靠粗放经营、资源消耗和环境恶化为代价的经济发展方式无法持续。因此，新常态下，经济发展要转向新动能，要依靠精细化、资源循环利用和青山绿水的经济发展方式促进经济可持续发展。

供给侧结构性改革是构建现代化经济体系的主线，降低一般性生产要素的依赖（土地、劳动力、资本），实现创新驱动，提高全要素生产率，包括数据、管理、技术，激活高级生产要素，才能把供给侧结构性改革真正落实下去，实实在在为广大老百姓带来生活上的便利和品质上的提高。

在不确定性的环境下，企业的所有行为均指向"活下去"，依据自己的核心能力活下去。这种核心能力就是企业将来在数字化经济中得以生存和发展的必备能力。

第三节 企业的社会角色

在中国经济发展进入新常态，新旧动能转换需求迫切的情况下，我们面临的现实是多数企业当前工作重点仍聚焦于传统竞争能力。这是由企业的基因决定的，也是实际情况。产业演变规律告诉我们：优胜劣汰是永恒的进行曲。谁能越早意识到这一点，谁就有更多的时间提前准备，在下一轮发展中屹立潮头，继续活下去。为了不被时代抛弃，现阶段企业的重点是利用信息技术改造提升传统竞争力，培育发展构建开放价值生态的新型竞争能力。

一、企业需要打造新能力：培育开放价值生态，构建新能力

培育发展新动能，改造提升传统动能，在企业层面体现为新旧能力的更替。新旧能力的差别主要体现在如下几点：

·从关注技术产品到关注用户价值，如从成本减低能力到成本管理能力，再到成本精细化管控能力。

·从技术获取能力到计算机辅助研发设计能力，再到在线异地协同研发能力和快速定制设计能力、设计制造一体化能力。

·从渠道建设能力到平台直销能力，再到精准营销能力和快速响应客户能力。

·从规模化生产能力到按用户订单柔性生产能力、个性化定

制生产能力。

- 从质量检验能力到全面质量管理能力，再到质量全产业链管控能力和质量在线分析与优化能力。
- 从封闭技术体系到开放价值生态，形成新业态新模式：共享经济、个性化定制、服务化转型、网络化协同等。

二、新型能力的核心

新型能力的核心是借助信息技术和工业技术构建一种综合竞争力，两化深度融合成为重要基础。企业是深度融合的排头兵和探路者。

我们看到，领先企业都在互联网、大数据、人工智能与实体经济深度融合方面做出各种有益的尝试。因此，我们可以认为：

- 互联网、大数据、人工智能与实体经济深度融合是两化深度融合的新阶段，其内核是数据的开发利用，数据价值的充分发挥。
- 两化深度融合是建设制造强国和网络强国的扣合点。国家层面也需要在经济发展新常态中夯实国家的竞争力。两化深度融合因此也成为实现国家新目标的关键因素。
- 两化深度融合是中国经济实现高质量发展的必然选择。为了实现经济增长方式的变革，社会经济需要利用信息技术和工业技术更好地表达消费需求和制造满足需求的产品，必然要推动两化深度融合。
- 两化深度融合是全球新一轮产业竞争的制高点。前面已有阐述，此处不再赘述。

总之，两化融合是制造强国建设的主线，智能制造是制造强国的主攻方向，而现阶段重点是制造业与互联网融合（工业互联网）。

三、企业需要在为经济做贡献的同时为社会目标做贡献

在数字时代，企业要想真正具有竞争能力，必须在社会体系中找到自身的存在价值、定位。也就是说，企业将更多地从过去单一追求经济目标向追求以经济目标为基础的社会价值转型。简单地说，就是企业需要通过打造生态，找到自身在社会体系中存在的意义，推动社会问题的解决，做成社会企业。

（1）社会企业的特点：运用商业手段，实现社会目的。

企业导向：直接参与为市场生产产品或提供服务；有明确的社会或环境目标，如创造就业机会、培训，或提供本地服务。其伦理价值可以包括对本地社会技能建设的承诺，为实现其社会目标，其收益主要用于再投资。

治理结构和所有制结构通常建立在利益相关者团体，或者代表更广泛的利益相关者，对企业实施控制的托管人或董事参与基础之上的自治组织。就其产生的社会、环境和经济影响向其利益相关者及更广泛的社区负责。

（2）社会目标。

满足家庭及小区提供个人及家居服务，以满足社会对这些服务的需求；为竞争力稍逊的弱势群体创造就业机会；这些人士包

括低学历、低技术劳工、中年妇女、残疾人士等，鼓励成员自力更生、融入社会。通过组织小区网络，推动小区的共融、更新及发展，提高环保意识、提倡可持续消费、鼓励物品循环再用等社会发展及环保目标。

两化深度融合将促进社会企业的核心竞争力。

本章小结

观点：

（1）中国制造业急需突破瓶颈，以度过危机。

（2）企业面临大的不确定性环境，有危更有机。

（3）牢牢把握企业的社会角色，创造社会价值才会有未来。

复习思考题

（1）什么是企业面临的不确定性环境，有哪些要素影响了企业的决策与生存？

（2）什么是社会企业？如何辨别社会企业？

第二章

两化融合的兴起与演进

引例：中国石化集团推进两化深度融合，打造世界一流企业

中国石化集团是如何推进两化融合的？

一、中石化两化深度融合总体发展情况

从 2012 年开始，中石化进入集中集成、创新集成、共享服务、协同智能的两化融合发展阶段，现在是两化深度融合，向数字化、网络化、智能化阶段发展。"十二五"期间持续提升三大平台，推进四项示范工程建设，三大平台是以 ERP 为核心的经济管理平台，以 MES 为核心的生产运营平台，还有基础设施和网络运维平台。四项示范工程是经营管理平台集中集成、智能石化工厂试点建设。

两化融合的发展愿景是"创新驱动，融合发展，打造智能石化"，主要目标是建立数字化、自动化、智能化的生产运营新模

式和集约化、一体化的经营管控新方式，推动商业模式、服务模式的改变。中石化两化深度融合的发展蓝图是"构建以客户为中心、以互联网为载体的石化商业新业态，全力打造世界一流的智能石化"。

中石化的智能制造，包括智能油田、智能油厂、智能管网、智能油站、数字化工厂建设，主要促进传统行业服务转型为目标。通过数字化、网络化、智能化，升级、提升、转型；通过电子商务系统、客户关系管理系统、支付与经营系统、供应链与物流系统使制造业转型发展；利用"互联网+"扩大销售服务；建立了易派客网、易捷网统一的销售中心、物流系统、车联网、支付系统等，更好地为客户服务，更好地完成上下游的集成，建立"互联网+"的中国石化新业态。

智能制造和"互联网+"的基础是以云计算、大数据、物联网、移动互联网、社交媒体等新型信息技术为支撑。

二、中石化两化深度融合取得明显成效

（1）以智能制造为主攻方向，推进智能石化建设。

从智能油田、智能管线、智能工厂、智能销售，全面推进数字化、工程服务化、网络化和智能化建设。

在智能油田建设方面，逐步提升生产过程管理的可视化、自动化、智能化水平，包括数字的实时采集、电子巡检、远程自动管控、超前预警、集中决策支持等。数据显示，通过数字化、智能化示范，油田的劳动生产率明显提升，人工成本明显降低，用工总量减少50%以上，劳动生产率提升了1倍。

（2）提升油气管网运行管理数字化、智能化水平。

借助物联网、移动互联等技术，提升油气管网运行管理数字化、智能化水平，长输管线都实现了管网的数字化、可视化，包括隐患的治理、安全的管理，有效地进行数字化管控，提高了安全运行水平。

（3）智能工厂建设。

2012年中石化智能工厂开始进行总体规划，2013年选择燕山石化、茂名石化、镇海炼化、九江石化4家试点企业进行建设，探索实现工厂卓越运行的道路。工信部提出智能工厂示范，劳动生产率提高30%，生产应用成本降低30%，这是对智能工厂示范的要求。

中石化智能工厂建设主要围绕两个支撑、三条主线、四项能力、五化特征、六大核心业务领域进行。

两个支撑，技术知识体系和标准化体系。

三条主线，结合水平集成、纵向集成和端到端集成。面向炼油和化工生产管控一体化，从ERP、人事、财务、销售管理到MES、ADC、管控一体化的垂直集成；面向石化价值链、供应链协同一体化，从原有采购、加工到化工产品的生产，到产品的物流，到客户，供应链水平整体提升；工厂全生命周期设计运行一体化，从工厂的初步设计到工厂的建造、检修、改扩建等。

四项能力，即全面能力、优化协同能力、预测预警能力、科学决策能力。

五化特征：数字化、集成化、模型化、可视化、自动化。

六大核心业务领域，生产管控、供应链管理、设备管理、能源管理、HSE管理、战略管理。

中石化集团通过近 3 年智能工厂试点建设，取得明显成效：

一是面向生产优化，实现在线优化，提高卡边操作能力，减少产品质量冗余。通过计划生产协同优化，使得计划调度、操作形成闭环管理，提升计划优化水平，提高了经济效益。

二是面向生产操作，实现自动化、移动化协同操作管理，提高生产质量和生产效率。操作管理进行内操和外操机制，对于操作进行自动预测、预警控制，燕山石化可实现黑屏操作。

三是面向能源管理，实现能源可视化、能效最大化与在线可优化。通过对瓦斯、能源的产生、消耗、输送进行实时监测、动态优化，提高能效利用，起到了很好的节能减排作用。

四是面向 HSE 管理，建立风险管控体系，实现施工作业现场闭环管理。实时监测监督人员是否按照规程操作，现场是否有监督人员，现场操作条件是否泄漏有毒有害气体等。

五是面向设备，实现了数字化、可视化管理，提升了检维修决策能力和设备管理水平。九江、茂名都利用了三维数字化平台，将培训和设备检维修和三维的数字化结合起来，提高了设备管理水平、HSE 管理水平和人员操控水平。

六是面向仓储，实现了自动化管理和无人装车发货，提高仓储作业、配送货效率。镇海炼化将无人包装、装卸的仓库、打包、输送、发货连接起来，下一步将要和宁波的智慧园区结合、智慧城市结合，为绿色环保、绿色城市建设奠定了坚实基础。

七是面向决策支持，实现信息的全面可视化，提升预测预警动态分析和服务决策能力。

八是开展基于大数据的石化工业分析，提升精细化生产管理水平。九江进行催化报警大数据分析，查找报警根源，能够比装置报警提前两分钟,为操作人员对工厂事故报警处理提供了宝贵时间。燕山石化开展了关键机组故障预测分析,通过大数据分析可以做到设备预知性维护和健康管理。

九是建立了统一的融合通信平台,为智能化应用奠定了坚实基础。九江石化和通信联合,采用4G无线通信网络,形成通信交流,包括应急响应调度统一的水平。

(4)智能油田建设。

以客户为中心,构建石化商业新业态。中石化有3万多家加油站,通过电子商务、客户关系管理系统、物流系统、车联网系统、支付系统,形成中石化的"互联网+",构建石化商业新业态。

第一,整合电子商务和客户关系管理系统,促进营销服务创新,包括电商平台、ERP平台、会员网站、微信公众号、APP,给客户提供更好的直接服务。

第二,借助物联网、移动互联等技术,实现物流全过程的监控,提升物流优化水平。对所有的化工品、危化品、汽车、火车进行全面监控,节约物流成本。

第三,借助大数据分析,提升营销分析和决策水平。通过大数据分析优化加油站非油品布局,特别是货品的摆放,包括对客户的优惠等,提升营销服务水平。

下一步将进一步落实《中国制造2025》、"互联网+"、大数据等国家新战略,特别是最近国家出台了《促进大数据发展行动计划》,对于工业大数据发展提出了新的要求。围绕落实国家战略,中石化在"十三五"要继续提升企业数字化、智能化水平。

第一节　两化融合的重要意义

从中石化推进两化深度融合的过程可以看出，两化深度融合是企业内驱力自发推进的，国家政府层面推动两化融合只是顺应了新的经济发展潮流。两化融合贯标咨询首要的一点就是帮助企业充分认识到：两化深度融合是企业自身的需要，建立两化融合管理体系势在必行。

一、两化融合管理体系的重要意义

两化融合管理体系是全面加速产业转型升级和可持续发展的重要抓手，但对企业自身而言，两化融合管理体系也是迎接数字时代的必由之路。

·两化融合管理体系体现了全球新一轮产业变革的发展理念和趋势。

·两化融合管理体系是广大企业构筑数字经济背景下新型竞争能力的主要方法。

·两化融合管理体系是各级政府协同推进信息技术和实体经济深度融合的有益探索。

·两化融合管理体系是帮助企业从单纯的制造向制造服务转型的领航器。

二、两化融合管理体系的核心

两化融合是复杂巨系统，亟须形成适应信息时代发展需求的系统化新理论和新方法，新工业革命背景下主要国家工业发展理论均在努力创新。两化融合的核心在于"融合"两字，具体来说，包括要素融合、技术（产品）融合、产业（发展阶段）融合、管理（组织）融合，每一项融合都需要提出融合的战略目标、发展理念、主要任务、工作方法和推进机制。这就是两化融合管理体系存在的重要价值所在。

第二节　两化融合管理体系的兴起与发展趋势

两化融合管理体系提出的背景是怎样的？

一、两化融合管理体系提出背景

两化融合管理体系的背景是：新一轮产业变革，每次产业革命都包含了技术变革和管理变革。

- 19世纪的机械化时代，第一次产业革命，美国崛起，诞生了机械技术和泰勒的科学管理理论。
- 20世纪的电气化/自动化时代，第二次产业革命，诞生了电气技术及自动化技术和丰田制的精益管理模式。
- 21世纪的信息化时代，新一轮产业革命，中国崛起，既要加强技术创新，也要加快管理变革，诞生了新一代信息通信技术，进入了信息时代的管理理论的需求。

因此，在新一轮产业革命的背景下，两化融合复杂巨系统对系统性方法论提出了迫切需求。为了把握信息时代发展新趋势和新规律，工信部两化融合管理体系联合工作组总结提炼中国企业几十年的信息化和自动化实践经验成果，参考 ISO9000 等国际各类管理体系标准的做法和经验，研制提出一套方法论——两化融合管理体系标准。

通过两化融合管理体系标准，工信部引导中国企业两化融合推进思路和方法的优化变革，加快企业战略转型、组织变革、生产方式和服务模式的转变，实现企业核心竞争能力的提升。

二、两化融合管理体系的提出

（1）两化融合概念的演变。

十五大：改造和提高传统产业，发展新兴产业和高技术产业，推进国民经济信息化。

十六大：坚持以信息化带动工业化，以工业化促进信息化，走出一条科技含量高、经济效益好、资源消耗低、环境污染少、人力资源优势得到充分发挥的新型工业化路子。

十七大：发展现代产业体系，大力推进信息化和工业化融合，促进工业由大变强。

十八大：坚持走中国特色新型工业化、信息化、城镇化、农业现代化道路，推动信息化和工业化深度融合。

十九大：加快建设制造强国，加快发展先进制造业，推动互联网、大数据、人工智能和实体经济深度融合。

（2）两化融合相关文件的发布。

2013年9月，《信息化和工业化深度融合专项行动计划（2013—2018）》（工信部信〔2013〕317号）提出要制定"企业两化融合管理体系"国家标准。

工信部将"企业两化融合管理体系"标准建设和推广行动列为首要行动，要求制定"企业两化融合管理体系"国家标准。规范企业系统建设两化融合的通用方向，建立全国性的两化融合管理体系，推动企业建立、实施和改进两化融合管理体系，促使企业稳定获取预期的信息化成效，引领企业打造和提升信息化环境下的竞争能力，同时完成两化融合的国际标准。

2015年5月，制造强国相关文件（国发〔2015〕28号），将"推进信息化与工业化深度融合"列为九项战略任务之一，提出完善智能制造和两化融合管理标准体系。

2015年12月，《贯彻落实〈国务院关于积极推进"互联网+"行动的指导意见〉的行动计划（2015—2018年）》（工信部信软〔2015〕440号），将"两化融合管理体系和标准建设推广行动"列为七项行动之首，提出"到2018年，形成一套完整的两化融合管理体系标准，10000余家企业开展两化融合管理体系贯标，1500余家企业通过两化融合管理体系评定，60000余家企业开展两化融合自评估自诊断自对标，形成以管理标准促创新、促转型、促发展的新格局"。

2016年5月，《国务院关于深化制造业与互联网融合发展的指导意见》（国发〔2016〕28号），组织实施企业管理能力提升工程，加快信息化和工业化融合管理体系标准制定和应用推广，推动业务流程再造和组织方式变革，建立组织管理创新模式。

2016年7月，中办、国办印发《国家信息化发展战略纲要》，普及信息化和工业化融合管理体系标准，深化互联网在制造领域的应用。

2016年10月，《信息化和工业化融合发展规划（2016-2020年)》（工信部规［2016］333号），普及两化融合管理体系标准，创新企业组织管理模式。

2017年6月，《工业和信息化部、国资委、国家标委关于深入推进信息化和工业化融合管理体系的指导意见》（工信部联信软［2017］155号），提出"到2020年，两化融合管理体系标准初步形成，超过5万家企业开展两化融合管理体系贯标，遴选确定200家以上贯标示范企业，培训超过100万人次，15万家企业开展两化融合自评估、自诊断、自对标……"

三、中国推行两化融合管理体系的显著生态优势

庞大的人才（用户）优势——全球规模最大的消费市场、9亿多劳动力，每年700多万高校毕业生。

丰富的系统性工程建设经验——4G、5G，高铁和航空航天等重大系统工程经验丰富。

全球最完备的产业体系——世界500余种主要工业产品中，有220多种产品位居世界第一。

良好的基础设施条件——强大的交通和能源基础设施，全球最大的4G网络。

全球最完备的互联网生态体系——4家企业进入全球互联网

企业市值前 10 位，人工智能、量子计算等新技术发展迅猛。

四、两化融合管理体系贯标工作进展

目前全国共有 9000 余家企业开展贯标，2418 家通过评定企业、50 家贯标示范企业、740 余家贯标咨询服务机构、10 家评定机构、584 家评定人员、1000 余培训场次、培训超过 500000 人。（截至 2018 年上半年）

政策支持：国家及地方出台了一系列政策措施和专项资金，将贯标评定与智能制造、技术改造、"互联网＋"等重点工作相结合。

五、国际标准化进展与成效

（1）国际交流合作：两化融合管理体系标准的国际认可度和影响力逐步提升。

自 2012 年以来，多次参加 ISO/TC184/SC5 年会，介绍两化融合管理体系标准的理论架构、主要内容及应用推广情况，来自中国、美国、法国、日本、德国等多国专家认为两化融合管理体系标准是体系类标准应用推广的典范。

在 The Open Group 等国际组织的交流活动中，多次宣传推广两化融合管理体系。在 The Open Group 2017 印度峰会上，其首席执行官 Chris Forde 重点介绍了中国两化融合管理体系标准研制与推广工作，印度政府代表对两化融合管理体系标准应用推广所取得的效果表示有浓厚兴趣。

2017年5月,参加ISO/TC184/SC5第35届年度会议,介绍两化融合管理体系标准的理论架构、主要内容和应用推广情况。

2017年6月,参加2017年中德标准化合作委员会会议,介绍两化融合管理体系标准工作实践与成效,得到了中德相关领域专家的关注与认可。

埃森哲、德勤等多家知名跨国企业均为两化融合管理体系咨询服务机构,在国际组织中具有重要的影响力与话语权。

2018年5月,参加ITU-T第20研究组(SG20)会议,对2项已立项国际标准项目的核心内容进行了汇报研讨与修订完善,相关内容在ITU-T SG20会议上得到了认可。

(2)国际标准立项:一项两化融合国际标准在国际标准化组织(ISO)成功立项,两项两化融合国际标准在国际电信联盟(ITU)成功立项。

1)2017年5月,《Assessment on convergence of informatization and industrialization for industrial enterprises-Part 1: Principles and framework》《工业企业工业化和信息化融合评估——第一部分:总则和框架》在国际标准化组织ISO成功立项。

2)《Methodology for building sustainable capabilities during enterprises' digital transformation》(Y. MEDT)国际标准项目将中国GB/T 23000-2017《信息化和工业化融合管理体系 基础和术语》的核心成果上升为国际标准,旨在提供一套企业数字化转型过程中可持续发展能力建设的通用方法,引导企业以数据为驱动要素,加快技术变革、业务流程优化和组织结构创新,加速数字化转型进程,打造信息时代可持续发展能力。

3)《Assessment framework for digital transformation of sectors in smart cities》（Y. AFDTS）国际标准项目将中国 GB/T 23020－2013《工业企业信息化和工业化融合评估规范》的核心成果，旨在提供产业数字化转型的评估框架、评价指标体系和评价方法，明确产业数字化转型的现状、重点和方向，确定数字化转型的优先领域和发展需求，加快产业数字化转型进程。

三项国际标准的成功立项，是中国两化融合管理体系标准化工作的第一个里程碑，也是向全球各国共享中国两化融合实践成果、输出产业转型升级中国方案的重要起点。

4）国际电信联盟电信标准化局第 20 研究组（ITU－T SG20）全体会议及各工作组会议在无锡召开。在工业和信息化部信息化和软件服务业司、科技司、国际合作司的指导和支持下，由国家工业信息安全发展研究中心牵头的首个两化融合国际标准"Methodology for building sustainable capabilities during enterprises´ digital transformation"（Y. MEDT，中文译名《企业数字化转型过程中可持续竞争能力建设方法论》）在此次会议上获得通过，预计将于 2019 年 3 月正式发布。

六、下一步重点工作

至 2020 年，50000 家企业开展贯标，遴选确定 200 家示范企业，培训超过 100 万人次，15 万家企业开展评估。

顶层设计：全国贯彻实施工业和信息化部、国资委、国家标准委《关于深入推进信息化和工业化融合管理体系的指导意见》。

标准层面：务实推进两化融合标委会在两化融合管理领域定额各项标准化工作，明确两化融合管理体系总体架构、标准体系及关键标准目录，尽快发布《评定指南》等两化融合管理体系国家标准，推动两化融合管理体系国际标准化工作。

推广层面：深化国家和地方两化融合管理体系贯标试点，引导央企推动下属企业及供应商全面开展贯标，分行业组织开展贯标示范，系统总结推广贯标优秀经验和成果。

机制建设层面：建立开放透明的监督管理体系，推动咨询服务机构动态评级，健全市场化服务体系——咨询、评定、培训，建立和完善评定结果的政策和市场化采信机制。

数据层面：结合智能制造与"互联网+"发展趋势，完善两化融合评估体系与服务模型，给予两化融合大数据，推动精准引导、精准服务与精准施策，发布全国两化融合发展数据地图。

载体层面：完善两化融合服务平台、服务联盟和实验室建设。

第三节　两化融合管理体系的推广策略

两化融合管理体系包括以下几个方面。

一、工作组织体系——领导小组、专家委员会、联合工作组

两化融合工作领导小组如图2-1所示。

（1）两化融合管理体系工作领导小组。

组长：工信部部长。

副组长：工信部副部长、国资委副主任、国标委主任、中企

第二章 两化融合的兴起与演进

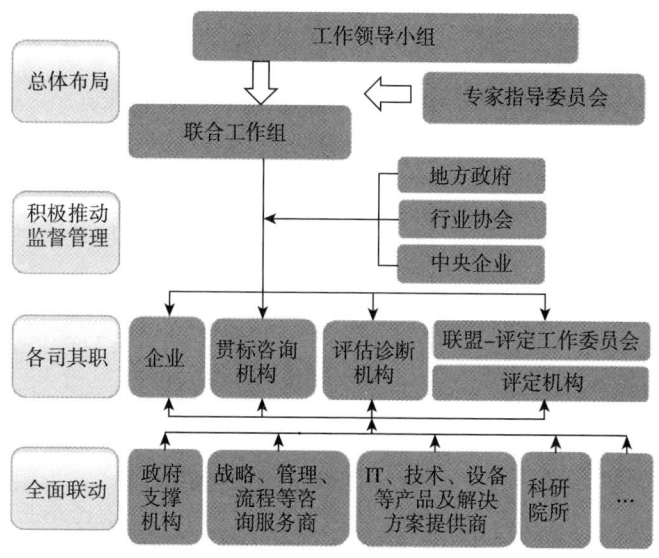

图 2-1 工作领导小组

图片来源：工信部发布《003-两化融合管理体系的理论和基本框架 v17.0》

联常务副会长。

（2）两化融合管理体系专家指导委员会。

两化融合管理体系工作相关的院士和专家。

（3）两化融合管理体系联合工作组（共54家成员单位）。

工信部内司局14个，国资委综合局、国标委工业二部、地方省市工信主管部门4个，研究机构5家，大学院校3所，央企集团7家，全国性行业协会5个，龙头企业6家，软硬件服务供应商6家，互联网公司3家，中国两化融合服务联盟。

（4）两化融合管理体系秘书处：设在国家工业信息安全发展研究中心（工业和信息化部电子第一研究所）。

（5）地方政府统筹联动、行业协会全力支持、中央企业全员协同、服务联盟。

二、工作组织体系——标准化技术委员会

（1）标准化技术委员会的组成。

2018年6月，国家标准化管理委员会正式批复成立全国信息化和工业化融合管理标准化技术委员会，指导单位为工业和信息化部，秘书处承担单位为国家工业信息安全发展研究中心（工业和信息化部电子第一研究所）。

- 主任委员：工信部副部长。
- 副主任委员：工信部信软司司长、工信部规划司司长、工信部科技司副司长、国资委综合局副局长、国家工信安全中心主任。
- 技术委员会委员：68名委员代表。
- 秘书处：设在国家工业信息安全发展研究中心，负责处理技术委员会日常工作。政府代表13名、科研院所代表14名、龙头企业代表22名、央企集团代表8名、行业协会代表7名、跨国企业代表4名。
- 若干标准制定工作组。

作为全国两化融合领域首个标准化技术委员会，聚焦两化融合管理领域的标准建设与应用推广，围绕标准修订、标准化研究、标准培训、标准交流推广、国际标准化等形成了立体化的标准化业务体系，推动两化融合标准建设由单点突破向系统化发展的轨道转变。

（2）标准化技术委员会业务体系如下：

标准制修订：组建标准化工作组，为国际标准、国家标准、行业标准、企业标准、团体标准制修订提供全生命周期服务。

标准化研究：编制并发布标准化指南、专题研究报告，提供标准化咨询服务与决策支持。

标准培训：面向标准应用的不同主体，利用线上线下多种方式，提供"订单式"的标准培训。

标准创新基地：联合地方政府、行业与企业，搭建标准创新平台、孵化标准化成果、开展标准试验验证、推动标准示范应用。

国际标准化：组织国内外相关单位与专家参与国际标准化会议、开展国际标准交流。

三、工作组织体系——两化融合服务联盟

两化融合服务联盟成立于2013年10月，是由参与两化融合相关工作的企事业单位自愿发起组建的非营利性开放平台，目前联盟共有618家成员单位，涵盖行业组织、中央企业、行业龙头企业、咨询机构、IT服务商和科研院所等。

会员单位618家，副理事长单位53家，理事单位36家。

战略目标：两化融合创新服务的领航者、新型工业化理论体系的探索者、数据驱动的系统解决方案推广者、制造强国和网络强国协同发展的践行者。

使命：改造提升传统动能，培育发展新动能。

联盟会员大会、指导委员会、专家委员会、联盟理事会、联盟秘书处，分联盟（福建、河南、武汉），工作委员会（两化融合标准化工作委员会、金融工作委员会、新媒体工作委员会），国际联盟。

涵盖了24＋国家级行业组织、29＋中央企业、100＋龙头企

业、200 + 知名服务机构。

四、市场化服务体系——诊断服务、咨询服务、评定服务、培训服务

市场化服务体系主要通过诊断服务、咨询服务、评定服务和培训服务形成两化融合服务的生态体系,用市场配置资源,实现两化深度融合的自动自发健康成长。

(1)诊断服务:摸清现状、引导方向。

评估诊断队伍培育:形成国家-行业-地方-企业等多级协同评估诊断队伍。

评估诊断:持续7年为全国10万余家企业提供评估诊断服务。

精准服务:准确定位当前综合集成困境,明确未来集成提升与智能协同的引导方向。

(2)咨询服务:提供方法、明确路径。

贯标咨询队伍培育:引导各类服务机构广泛参与,持续培育高质量服务机构。

贯标咨询服务信息公开:发布了《信息化和工业化融合管理体系贯标咨询服务监督与评级办法》,推动740余家机构基于平台进行服务信息公开,接受监督管理。

评级管理:持续开展服务机构动态评级。

综合服务能力提升:推动战略咨询、管理咨询、IT咨询等融合创新。

(3)培训服务。

培训课程体系:公开征集两化融合培训课程,研制形成了两

化融合管理体系系列培训课程与考试试题库。

培训教材：编写并出版了《信息化和工业化融合管理体系理解、实施与评估审核》等培训教材。

培训服务：面向政府、企业、服务机构等组织宣贯培训活动数千场，覆盖共计 50 余万人。

（4）评定服务：权威判断、规范市场。

评定队伍：10 家评定机构，近 600 名评定人员。

评定管理：《信息化和工业化融合管理体系评定指南》国家标准报批稿。

评定监督：全流程监督评定服务，开展评定机构与评定人员信息公开与信用评级。

评定结果采信：评定结果的政府和市场采信有序推进，徐工、潍柴等龙头企业将优先选择通过评定的企业作为供应商。

五、贯标的评定与咨询服务

（1）评定服务的价值在于通过权威判断、规范贯标咨询市场。

主要方法是行业自律、培训考核和全流程监督，评定服务一定要规范管理、严控质量。具体包括如下措施：

·评定队伍培育：10 家评定机构，584 名评定人员，编制《信息化和工业化融合管理体系理解、实践与评估审核》。

·评定规范：结合评定工作实践，更新评定工作文件模板，发布《关于两化融合管理体系评定工作若干规定的通知》规范评定机构及评定人员行为。

·服务监督：全流程监督评定服务，与机构签订《评定工作廉洁自律责任书》，开展评定机构与评定人员信息公开与信用评级。

·评定服务通报制度：分季度向社会公布评定机构专家复核通过率。

（2）贯标咨询服务机构的选择。

一般来说，选择因素包含：贯标咨询服务机构基础实力，贯标咨询服务机构团队实力，贯标咨询服务经验及成效，贯标延伸服务情况，知识、经验和成果创新与分享情况、相关奖励及贡献情况。

六、评定机构和评定人员管理

持续完善评估审核要点和方法。主要包括：进一步统一评定机构评估审核标准；提高评定人员专业水平；开展评定工作的全流程监督和信息公开。

开展评定机构与评定人员监督管理。主要包括：研制评定机构及评定人员评级办法；推动对评定机构的动态审核；公布评定企业专家复合的通过率。

研制评定人员管理细则。主要包括：评定人员考核及培训要求、进入与退出机制、水平管理、行为规范。

七、宣贯培训

（1）课程建设。

培训课程体系：公开征集两化融合培训课程，研制形成了两化融合管理体系系列培训课程与考试试题库。

（2）培训教材。

编写并出版了《信息化和工业化融合管理体系理解、实施与评估审核》等培训教材。

（3）师资体系。

专家资源：建立信息时代创新型高端人才库，汇集 400 余名国家级专家资源。

（4）宣贯培训。

培训服务：面向政府、企业、服务机构等 5 类培训对象，组织宣贯培训活动 1000 余场，覆盖共计 50 余万人次。

八、建立基于两化融合的信用机制和市场采信机制

（1）基于两化融合的信用机制。

1）以为企业创造价值为出发点和落脚点。

两化融合管理体系贯标：围绕打造信息化环境下的新型能力，形成一套确保企业稳定、获取新型能力的管理机制。

两化融合管理体系评定：通过评定的企业具备在信息网络时代可持续发展潜力。

2）企业更可信：具备与时俱进机制、管理更科学规范、生产更稳定、服务更可靠……

政府：作为政策和资金支持的重要依据。

银行和投融资机构：作为投资和授信依据。

央企和龙头企业：作为供应链合作伙伴的遴选依据。

（2）市场采信机制。

政府采信：作为政策和资金支持的主要依据。

国家层面：工业转型升级、智能制造试点示范。

地方层面：北京、河北、内蒙古、吉林、上海、江苏、浙江、安徽、福建、湖南、广东、广西、重庆、陕西等省的智能制造、制造业与互联网融合等试点示范项目。

央企信息化考核：国家电网公司信息化企业评价，将通过评定的下属企业优先列为实施评价单位；中石油油田信息化考核，积极参与贯标的单位加1分。

社会组织采信：作为企业评价评优、信用评价的重要依据。国家级企业管理现代化创新成果申报；中国制药行业企业信用评价。

供应商遴选与评价采信：作为供应商遴选与评价的主要依据。徐工、潍柴、娃哈哈、巨石、广州医药、大全集团等供应商遴选与评价。

销售授信采信：作为销售授信采信的重要指标。新浦化学、金陵石化等在客户考核中，认可江苏双乐的评定结果，据此提高销售授信等级，加大授信额度，延长回款期限。

投融资采信：作为投资和授信的重要依据。九鼎遴选投资对象，江苏双乐申请融资授信，银行将其评定成果作为重要依据。在中国两化融合服务联盟下成立金融工作委员会。

资质认证采信：作为资质审核、资质等级评定的重要依据。浙江欧华造船公司在武器承制单位资质审核、钢结构制造企业资质等级评定过程中，两化融合管理体系评定结果作为企业重要成果得到认可。

招投标采信：作为招投标评审的加分项。广西医疗卫生机构药品集中采购招标；重庆市公共交通控股（集团）有限公司的公交客车采购招标。

九、两化融合平台和两化融合实验室建设

（1）两化融合平台。

两化融合服务平台由各级政府、央企集团、行业协会、有关企业等组成，主要作用在于成为各方资源与成果分享、核心业务协同的重要纽带。

提供精准服务的平台类型包括：

- 两化融合评估诊断与对标引导服务平台。
- 两化融合管理体系服务平台。
- 工业云创新服务平台。
- 国家物联网标识管理公共服务平台。

（2）两化融合体验与推广实验室。

主要任务是优秀行业两化融合解决方案的互动式演示培训与体验、试验环境，目前已经建立的实验室包括：

- 工信部两化融合体验与推广实验室。
- Handle全球并联顶级管理机构。
- Handle技术研发与产业应用实验室。

第四节 两化融合管理体系推广应用成效

从目前已经贯标的企业推广成效来看，主要在于引导企业树立新理念、掌握新方法、形成新机制，稳定获取创新成效。综合数据显示企业运营成本下降10%，企业经营利润上升11.2%。

（1）解决了企业在数字时代往哪走的问题，指出了方向：

·引导企业有效识别和策划新型能力。

·引导企业有效识别战略、优势和能力。

·帮助企业从全局、全要素策划和打造能力。

（2）解决了企业在数字时代做什么的问题，指出了工作内容：

·引导企业以数据为驱动要素探索转型新模式。

·培养全员数据意识，形成数据开发利用常态化机制。

·强调数据驱动对技术、流程、组织的优化作用。

（3）解决了企业在数字时代怎么做的问题，指出了工作方法和路径：

·推动企业建立适应信息时代规律的治理体系。

·引导企业建立流程化、网络化、平台化的现代运营机制。

·探索建立多体系融合的管理架构和模式。

（4）两化融合管理体系推广应用综合成效：

·引导企业树立新理念、掌握新方法、形成新机制，稳定获取创新成效。

·引导企业将互联网、大数据、云计算、物联网、智能制造等先进技术与企业业务流程、组织结构的优化变革有机融合，探索信息时代数据驱动的生产方式和服务模式。

（5）信息化环境下企业新型能力图谱：

·新能力、新模式、新业态（共享经济、服务化转型、个性化定制、网络化协同）。

·贯标企业核心竞争能力大幅提升。企业创新研发——新产品研发周期缩短、产品设计变更率减少；高效生产——生产计划完成率提高，产品一次合格率提高；优质服务——用户年投诉次数减少，用户服务满意度提高，综合效益增长，降本、增效。

第五节　两化融合生态系统与标准体系

两化融合生态系统与标准体系需要关注哪些要素？

一、两化融合生态系统与标准体系的构建原则

协调兼顾、创新引领——紧密围绕中国产业需求，统筹资源、优化结构，改造提升传统动能，培育发展新动能。

系统融合、突出重点——突破薄弱环节，带动整体提升。基础设施、企业（组织）管控数字化及集成互联，产品生命周期数字化及集成互联，产业链数字化及集成互联。

自主可控，开放合作——立足于中国产业发展成果及经验。工业4.0，智能制造，TOGAF，工业互联网。

动态优化，持续改进——发展条件和动力持续变革。为新兴领域留下空间，结合实践不断优化，兼容性优，开放性好，可塑性强。

二、两化融合生态系统的三个视角、核心要素和发展阶段

（1）三个视角：

围绕两化融合推进主体（谁来做）、活动对象（做什么）、基础资源条件（基于什么做）三个基本问题，从组织生态、价值网

络、资源环境三个视角出发构建两化融合生态系统，明确两化融合的理念、要素、方法、路径，为社会各界推进两化融合提供统一框架和基本依据。

1）工业经济的三个视角：

·价值网络——产品研制是价值增值的主要环节。

·资源环境——以装备为主，局部资源配置优化。

·组织生态——科层制组织模式。

2）数字经济三个视角：

·价值网络——全价值链延伸。

·资源环境——基于互联网开放平台，全局资源配置优化。

·组织生态——动态组织网络。

（2）两化融合生态系统——核心要素：

数据、技术、业务流程和组织结构是两化融合的四个核心要素，推进两化融合在操作层面上主要体现为组织生态（主体）、价值网络（客体）、资源环境（空间）出发，不断推进数据、技术、业务流程、组织结构四要素互动创新和持续优化的过程。

·数据要素涉及数据采集、数据传输与存储、数据分析与数据挖掘等。

·技术要素涉及工业技术、信息通信技术、服务技术等。

·业务流程要素涉及流程的起点、终点，输入、输出，关键环节及相互关系等。

·组织结构要素涉及部门设置、人员匹配、职责界定等。

（3）两化融合生态系统——发展阶段：

两化融合发展进程是从组织生态、价值网络、资源环境三个视角出发，四要素互动创新和持续优化的过程及结果在时间维度上的投影，可分为数字化、网络化、智能化三个螺旋式上升的发展阶段。

1）数字化阶段。

基本现状：中国两化融合发展当前总体处于数字化阶段，主要任务为推动生产、经营、管理、服务等活动和过程的数字化，主要作用体现为实现原有工作方式和模式在特定业务领域或环节的局部优化，其复杂度和难度相对较低，主要特点是"规范化"，相关活动和过程仍以串行为主，需要从工作主体（组织生态）、工作客体（价值网络）、工作环境（资源环境）等方面统筹推进，涉及数据、技术、业务流程、组织结构四个核心要素，数字化阶段围绕各个要素的重点如下：

· 数据：重点加强特定业务领域或环节的数据开发利用，数据较少跨接应用，数据的价值逐步得到重视。

· 技术：以数字化技术为基础，加强特定业务领域或环节对应相关技术和信息技术的创新融合，支持提高相关资源的利用效率。

· 业务流程：重点加强特定业务领域或环节内的业务流程优化，一般不涉及跨业务领域或环节的流程优化。

· 组织结构：重点加强业务部门或特定管理层级内的组织结构优化，一般不涉及跨业务部门和管理层级的组织调整。

2）网络化阶段。

主攻重点：加速进入网络化阶段是中国两化融合当前的工作重点，主要任务为推动生产、经营、管理、服务等活动和过程的集成与互联，主要作用体现为实现原有工作方式和模式跨业务领域或环节的整体优化，其复杂度和难度相对较高，涉及技术、业务流程、组织结构等核心要素。网络化阶段围绕各个要素的重点如下：

数据：重点加强跨业务领域或环节的数据开发利用，数据价值得到充分体现和高度重视，成为核心资产。

技术：以网络（互联网）技术为基础，加强业务领域或环节的相关技术和信息技术的创新融合，支持相关资源全面整合和跨界优化利用。

业务流程：关键在于加强跨业务领域或环节的流程重组，通过流程化打破业务壁垒、组织壁垒，实现价值创造过程的优化。

组织结构：关键在于加强跨业务部门和管理层级的组织变革，涉及利益格局和职权的重新分配，难度和挑战大。

3）智能化阶段。

未来方向：智能化是两化融合发展的共同目标和方向，主要任务为全面推动组织内、组织间的生产、经营、管理、服务等活动和过程的智能化，主要作用体现为实现原有生产、经营、管理及服务方式和模式全方位、颠覆式变革，不断催生新业态、新模式，培育形成新的产业生态体系，其复杂度和难度较高，主要特点是"动态化"，相关活动和过程以网络化动态组织为主，聚焦组织生态、价值网络、资源环境三个方面，既注重各方面相关活动的全面智能化，更注重各方面主客体及相关活动之间的协同与融合，数据、技术、业务流程、组织结构四方面核心要素的协同范围和协同复杂度进一步提高。智能化阶段围绕各个要素的重点如下：

·数据：围绕新业态、新模式和新产业体系建设，加强以数据为新驱动要素的数据开发利用，切实发挥数据这一新驱动要素的发动机作用。

·技术：以智能技术为基础，加强推动相关技术和信息技术全面、深度的创新融合，信息物理系统成为有机整体，支持相关资源的动态平衡和实时优化。

·业务流程：按用户需求和价值创造要求，加强动态流程重组和价值网络的实时优化。

·组织结构：加强网络化动态组织管理模式，推动开放写作和共享成为全新组织管理的基本形态。

(4) 两化融合生态系统——产业升级金字塔：

新一代信息技术向各产业领域的加速渗透融合，推动了产业基础设施、生产/工作方式、创新模式的持续变革，促进产业数字化、网络化及智能化发展。

(5) 两化融合生态系统——智能制造金字塔：

产业升级金字塔在制造业领域的具体体现，制造企业实现从数字化到网络化，再到智能化的转型则体现为从数字化制造、网络化制造到智能化制造的逐步发展过程。

(6) 与国外其他参考架构的比较分析：

主要选择了两化融合生态系统、工业4.0参考架构、工业互联网参考架构、智能制造生态体系进行比较分析。

1) 相同点一：各参考体系架构均是立足本国产业发展优势提出的产业未来发展的概念模型，均是以本国产业优势为切入点，以高度抽象的方式展示产业变革发展的核心理念、关键要素、通用路径、方法工具的概念模型，可作为产业未来发展的顶层设计。

2) 相同点二：均突破了传统工业理论对产业发展规律和边界的认知，融入了信息时代的新理念、新规律和新方法；是聚焦于新工业革命背景下的产业变革开展的理论方法创新；突破了传统工业理论对产业发展规律和边界的认知；充分吸收了信息时代的思维方式和理论方法。

3）相异点一：与其他参考架构不同的是，两化融合生态系统从融合的角度阐释了工业化与信息化交互协同的理念方法和关键特征。

4）相异点二：两化融合生态系统充分结合了中国产业转型升级和创新发展的丰富实践和理论探索，与其他参考体系架构相比，既有共通之处，又有独到之处。

（7）与国内其他参考架构的比较分析：

主要选择智能制造系统架构、工业互联网体系架构、信息物理系统做比较。

三、两化融合标准体系

（1）两化融合标准体系的产生。

以方法论标准为引领是世界各国推进产业创新发展的基本思路和共同手段，也是中国规范两化融合发展、引领两化融合水平提升的基本路径和重要抓手。两化融合管理体系标准是引导组织强化变革管理、系统推进量化融合的通用方法论，通过贯标将一套系统化、可操作的两化融合管理方法论导入组织日常运营，解决信息化条件下战略转型怎么干、怎么干好的问题。加快组织变革、模式创新、生产方式的转变，提升组织的核心竞争能力。

（2）两化融合标准体系的组成。

两化融合标准体系由以下几类标准组成：

1）通用共性标准：是支撑两化融合的通用标准，适用于各环节、各领域及各发展阶段。包括总体、数据、技术、业务流程、组织结构、信息安全等。

2）基础设施标准：引导第三方服务商结合组织竞争力提升、产业转型升级发展需求，研制提供适应组织及产业发展现状、面向不同发展阶段水平的两化融合发展基础设施。包括装备（工业装备）、软件（工业软件）、网络（工业互联网）、平台（智能服务平台）、信息物理系统。

3）产品生命周期标准：主要是从产品或服务的市场生命周期角度提出的，支撑产品全生命周期管理所需的标准。包括产品生命周期数字化、产品生命周期网络化、产品生命周期智能化。

4）企业（组织）管控标准：聚焦企业（组织）内部管控，规范企业（组织）中信息技术和相关技术融合，指导不同管控层级业务集成互联，实现跨企业（组织）协同所需标准。包括企业（组织）管控数字化、网络化、智能化标准。

产业链：聚焦企业（组织）间、跨领域的集成与协同，从产业链价值创造角度提出，支撑产品或服务价值增值，服务于产业价值链的标准。

5）行业应用标准：通用共性、基础设施、产品生命周期、企业（组织）管控、产业链等通用标准无法满足行业应用需求时，可进一步结合行业特色进行细化和扩展，并形成行业应用标准。

本章小结

观点：

（1）两化融合管理体系是全面加速产业转型升级和可持续发展的重要抓手，但对企业自身而言，两化融合管理体系也是迎接数字时代的必由之路。

（2）从目前已经贯标的企业推广成效来看，主要在于引导企业树立新理念、掌握新方法、形成新机制，稳定获取创新成效。

（3）两化融合发展进程是从组织生态、价值网络、资源环境三个视角出发，四要素互动创新和持续优化的过程及结果在时间维度上的投影，可分为数字化、网络化、智能化三个螺旋式上升的发展阶段。

复习思考题

（1）企业为什么要推进两化融合管理体系？
（2）两化融合的发展进程可以分为哪几个阶段？
（3）你的企业目前处于两化融合发展进程的哪个阶段？

第三章
两化融合理论精要

第一节　两化融合管理体系的主要内容

两化融合管理体系的主要内容有哪些？

一、两化融合管理体系标准体系内容的组成

两化融合管理体系标准体系是中国两化融合领域首个自主研制且大范围应用推广的管理体系类标准，而且是中国两化融合领域首个正在向国际输出的管理体系类标准。国标委为两化融合管理体系系列标准预留了 GB/T230000 标准号段。两化融合管理体系标准体系包括如下组成部分：

1）基础术语类标准——两化融合管理体系基础和术语。

2）两化融合体系类标准——两化融合管理体系要求、实施指南、评定指南、参考模型。

3）技术支持类标准——策划与改进方法：咨询服务指南，多体系融合；中小企业两化融合管理体系应用指南、集团型企业

两化融合管理体系应用指南、产业园区两化融合管理体系应用指南。

4）技术支持之执行方法类标准——战略管控、组织优化、流程重构、技术治理、数据开发利用、人员技能培育；新型能力体系，产品全生命周期创新与服务能力建设指南、供应链协同管控能力建设指南。

5）技术支持之评测方法类标准——两化融合水平评估、两化融合绩效评价、新型能力评价、两化融合统计监测。

6）技术支持之典型模式类标准——企业数字化转型、网络化协同制造、个性化定制、服务型制造。

7）行业类标准：石化、机械、轻工、电子、能源、交通、医疗、农业。

目前两化融合管理体系国家标准研制完成立项的国家标准数量为9项，已发布/待发布的国家标准数量5项，进入国家标准立项程序的标准数量5项。

二、两化融合管理体系主要内容

两化融合管理体系主要内容总结如下：

一个目标、两个概念、三个循环和三个维度、四个核心要素、五项基础保障、六种导向和评测改进方法、七个实施过程、八个体系建设步骤、九项基本原则。

（1）一个目标。

两化融合是企业将信息技术和工业技术深度应用于企业生产经营中的过程，两化融合贯标是按照《信息化和工业化融合管理

体系 要求》（GBT+23001-2017）对企业的两化融合工作进行规范和优化的过程。

两化融合是信息化和工业化的深度融合，信息化是手段，工业化是目的，信息化作为工具要为实现新型工业化的目的服务。企业作为经济实体，追求利润是企业存在的价值体现和意义。两化融合的最终目标也是为了追求这个目标，提升企业的经营效率和经济效益。

有的企业管理者在理解两化融合的时候存在认识误区，认为两化融合就是追求最新、最好的自动化设备设施，片面追求"少人化"和"机器换人"，没有从企业战略层面出发，没有考虑到企业的可持续竞争优势，殊不知单单追求设备设施和先进信息技术的应用，未必就能获取企业在激烈市场竞争中的可持续竞争优势。

德国倡导的"工业4.0"和中国的两化融合有异曲同工之妙。很多德国企业都是所在行业的隐形冠军，他们依靠的并不是多么先进的生产技术，也不是通过裁减人员来实现超额的经济利润，很多关键环节和工序还是依靠人工来完成。他们成功的核心要素是对产品质量的精益求精；他们依靠的是对企业理念的高度认同和强大的执行力。

综上所述，两化融合是一套企业管理逻辑和方法论，企业要全面理解其内涵和实质，而不能仅从文字描述上做片面的理解。

（2）两个概念。

从2014年工业和信息化部发布《信息化和工业化融合管理体系要求（试行）》并在全国范围推进体系的贯标工作开始，两化融合的话题在中国企业内传播开来，并被越来越多的企业家所认识，但是对于两化融合与两化融合管理体系贯标这两个概念还存在着认识上的误区。

两化融合：是指信息化与工业化融合发展，简称两化融合。

两化融合管理体系：是引导组织强化变革管理、系统推进两化融合的管理方法论，它明确了组织系统地建立、实施、保持和改进两化融合管理机制的通用方法。通过规范两化融合过程并使其持续受控，引导组织充分发挥数据要素的创新驱动潜能，推动和实现数据、技术、业务流程、组织结构四要素的互动创新和持续优化，挖掘资源配置潜力，夯实新型工业化基础，抢抓信息化发展机遇，从而帮助组织不断打造信息化环境下的新型能力，获取与其战略相匹配的可持续竞争优势，实现创新发展、智能发展和绿色发展。

两化融合与两化融合管理体系贯标是两个不同的概念，主要区别如下：

1）两个概念出现的时间点不同。

两化融合的概念出现在 2010 年前后，全国各地的经信委陆续开展了所辖企业的两化融合发展评估工作。工信部确定的 2014 年度、2015 年度国家级两化融合贯标试点企业多数已经在数年前就获得过所在省市的"两化融合试点示范企业"称号和奖牌。

两化融合管理体系贯标是在 2014 年国家工信部发布《信息化和工业化融合管理体系要求（试行）》之后才兴起的。"贯标"这个词最早出现在 20 世纪 90 年代 ISO9000 质量管理体系之后，专指企业按照管理体系的要求对自身的生产经营管理进行规范化的过程。两化融合管理体系也借鉴了 ISO9000 的贯标理念进行推广。

所以，从时间节点上看，两化融合与两化融合管理体系贯标是两个不同时间点出现的概念。

2）两个概念的实施时间不同。

两化融合是一个长期的概念。一方面，现代企业生产经营管理的过程实际上就是两化融合的过程。现代企业，尤其是生产制造型企业，在生产过程中越来越多地采用自动化、数控化的生产设备，提高产品的生产精度，保证产品的合格率，这实际上就是工业化在企业中的应用和体现。另一方面，企业在职能管理和集团管控方面也会上马一些信息系统，像 OA、ERP 等，这实际上是信息化在企业中的应用和体现。企业的相关职能部门、生产部门也会参与这些管理信息化或生产自动化过程，使得两化融合这项工作在企业中全面推开。

两化融合管理体系贯标是一个阶段性的概念，这个概念出现在 2014 年。一般情况下，一个企业的两化融合管理体系贯标会持续几个月、半年或一年的时间，以拿到两化融合评定证书为结束节点。贯标时间长短取决于企业的信息化和工业化基础，以及企业的基础管理水平。两化融合管理体系贯标是企业将标准要求应用于企业的经营管理实践，并遵循和优化的过程，包括管理体系建立初期的策划、文件化管理体系的应用、管理体系的审核评价等环节。企业的两化融合管理体系贯标也多是以项目的形式开展，凡是项目终有结束的时间。

所以，从实施时间来看，两化融合在企业是一个长期的过程，两化融合管理体系贯标是一项阶段性工作。

两化融合与两化融合管理体系贯标也有一个共同点，就是两者都强调持续的优化和改进。随着新技术、新工具的不断涌现，企业两化融合也会从最基础的起步阶段，向单项应用、综合集成、协同创新发展。（注：两化融合四个发展阶段，三个维度中有详细介绍）

同时，两化融合管理体系贯标也有这个特点。一方面，两化融合管理体系会随着时代发展，以及企业的实际情况不断地进行完善和更新，企业的贯标工作也会进行相应地调整。另一方面，管理体系的评定也是不断优化和持续跟进的。两化融合评定采取"三年一换证，一年一审核"的方式开展，企业应该把自身年度对应标准所开展的更新和完善进行提炼总结，以满足审核的要求，更重要的是通过这套管理体系的深入实践，逐步打造企业信息化环境下的新型能力，获取可持续竞争优势，促进企业战略的达成。

（3）三个循环和三个维度。

1）三个循环。

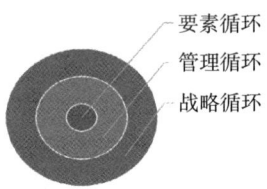

图3-1 三个循环

如图3-1所示，两化融合管理体系的基本框架就是三个循环，分别是最外圈的战略循环、中圈的管理循环、内圈的要素循环。

外圈的战略循环是两化融合管理体系的价值和意义所在。企业通过两化融合管理体系的实施，不断打造信息化环境下的新型能力，获取可持续竞争优势，进而达成企业的战略目标。

中圈的管理循环是通过策划、支持、实施与运行、评测、改进的循环往复，一方面为战略循环的实现做保障，另一方面为要素循环的流转做载体。

任何一项企业管理工作都要明确管理职责，对主管领导、涉及部门、相关岗位所承担的责任和义务进行界定。界限不清、职责不明是导致很多管理工作失效的主因。

"工欲善其事，必先利其器。"一项工作的开展需要得到方方面面的支持与保障。两化融合作为一个管理体系，需要在资金投入、人才保障、设备设施、信息资源、信息安全五个方面进行统筹规划与安排，确保体系的顺利运行。

实施过程是确保管理体系的效果得以落地的关键。企业应运用系统化思维和过程性方法，围绕"战略－优势－能力"的战略循环主线，从实施策划、业务流程和组织结构优化、技术实现、数据开发利用、匹配与规范、运行控制等过程进行控制，确保两化融合整体绩效得以实现。

管理体系都很重视 PDCA 的过程管理方法，评测和改进是其中的重要环节。通过评估与诊断、监视与测量、考核、内部审核、管理评审、持续改进等工作，确保两化融合管理体系的实施可以得到监测，并不断完善提升。

内圈的循环是两化融合管理体系的四个核心要素。企业的两化融合实施工作要围绕业务流程开展，通过组织架构和技术的适应性调整，实现数据的集成整合，确保数据的核心价值得到体现和利用，为战略决策、企业管理、生产运营提供参考和依据，从而有效应对市场，获取竞争优势。

2）三个维度。

在《工业企业信息化和工业化融合评估规范》（GBT+23020-2013）中，企业的两化融合应用主要体现在三个维度上：价值链维、企业管理维、产品维。每一个维度上根据信息化系统的应用情况和数据集成程度，将企业的两化融合划分为四个发展阶段：基础建设、单项应用、综合集成、协同创新。如图3-2所示。

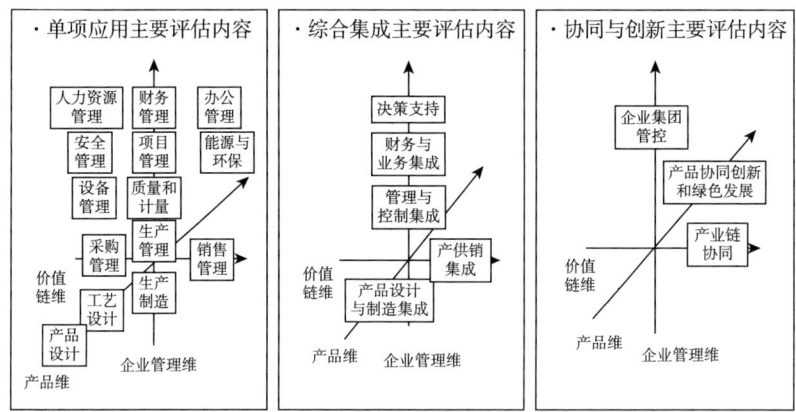

图3-2 两化融合各发展阶段主要评估内容及展开情况

图片来源：工信部发布《008-工业企业两化融合评估规范国家标准解读及应用 v5.2》

在2014年年底通过贯标评定的200家企业中，处于起步阶段的为零，单项应用阶段的占33%，综合集成阶段的占48.5%，创新突破阶段的占18.5%。这个比例也基本上反映了目前全国相对领先的两化融合贯标企业发展阶段的分布情况。

初创企业的两化融合水平多为起步阶段，这里不做详细说明。

单项应用主要是信息技术在企业部门级某些单项业务环节的

应用；

综合集成是在上述三个维度上，某一个维度或几个维度上实现了一定程度的信息共享与数据集成，在某一个或几个维度上打通了信息系统的应用。

协同创新则是在三个维度上都实现了数据集成，信息化手段在企业中得到了深度应用，企业的协同创新能力得到体现，经营绩效实现大幅度跃升。

（4）四个核心要素。

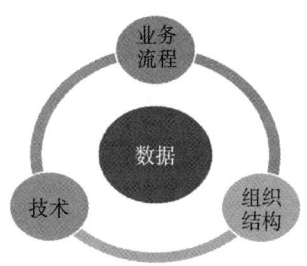

图 3-3 四个核心要素

企业开展两化融合活动，具体体现在四个核心要素的融合与创新。实际上，两化融合也正是通过四个核心要素产生管理价值的。如图 3-3 所示。

1）业务流程——流程就是一种活动的集合，具有一项或多项输入，经过处理，输出为确定的结果，从而为"客户"带来价值。

传统的业务流程是以部门为界限展开的，由此带来的结果是分工太细，流程环节冗长、部门壁垒、效率低下等，也是前些年流程优化风生水起的缘由。近些年来，在两化融合的背景下，随着新技术手段的不断涌现，尤其是信息化、工业化的深度融合，需要打破部门界限，重新规划业务流程，以流程为牵引，梳理原有的部门职责，以有利于企业绩效整体提升为目标，而不是拘泥于一时一域的小打小闹。在当今的生态型企业中，业务流程甚至不局限于本企业，而是延伸到了供应商和客户，把供应商和客户作为流程中的重要环节来对待，从而确保业务流程的价值创造最大化。

2）组织结构——组织结构是企业为了实现经营目标，而就人员组合所进行的责、权、利分配。

由于越来越多的企业采用移动办公的方式和手段，职能制、层级制的组织结构已经摇摇欲坠，企业的组织架构向网络化、扁平化演变，企业应适应时代与潮流的发展，组织结构上要体现彼此协同，而不是"占地为王"。进一步，建立基于业务流程的组织架构，从而更好地满足用户的需求，快速响应市场动态变化，提高持续发展的能力。

3）技术——两化融合中的技术，不仅包括信息技术，还包括生产技术、研发技术、营销技术、管理技术等。

两化融合中的技术不应做狭义的理解，凡是有利于企业获取可持续竞争优势，打造信息化环境下新型能力的技术，企业都应积极探索、大胆采用。技术创新是企业在市场竞争中保持竞争优势的关键。信息技术的应用要考虑企业员工的素质、能力、接受水平、与企业其他系统的兼容性等问题，选择适宜的信息技术手段。生产技术亦然，德国的很多"隐形冠军"企业，在关键的生产环节还保留着人工生产，那是因为对企业而言，由员工经验积累带来的精益和质量不是机器所能替代的；很多企业所谓的研发技术创新也仅停留在模仿和改造，这些创新可能带来短期的效益，但不会持续；营销技术也要结合目前的先进信息技术手段，与时俱进，争占先机。

4）数据——两化融合的核心是通过业务流程、组织结构、技术的互动融合，充分发掘数据的作用和价值，为企业的经营管理决策提供支持。

现在很多企业的数据利用工作还处于基础阶段。生产部门定期提交生产报表，财务部门提交财务报表，仅此而已。对数据只是统计，谈不上分析，更不能体现价值。两化融合中强调的数据开发利用，实际上是将企业中存在的各种数据，进行汇总、分析、提炼、展示等一系列活动，全面完整地展现企业管理的方方面面，反映企业的"健康状况"。这样的数据才是企业的财富，才是两化融合中数据应体现的作用和价值。

(5) 五项基础保障。如图3-4所示。

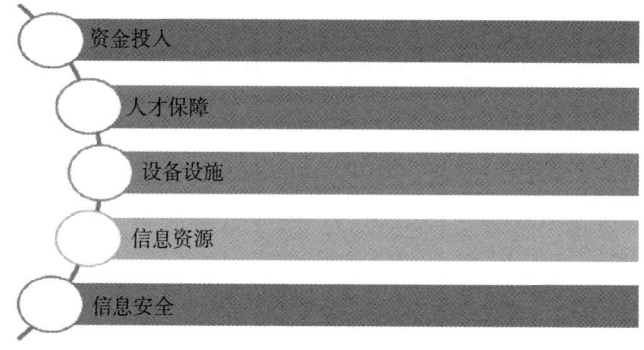

图3-4　五项基础保障

两化融合是一项系统工程，涉及企业经营管理的方方面面，必须建立坚实的基础保障机制。在两化融合相关活动和过程中，需要充分统筹和优化相关资源，确保基础资源供给的及时、合理、有效，促进两化之间的协调匹配，既用好内部资源，也要注重借力外部资源。

1）资金投入——两化融合是长期的过程，需要逐步优化，所以资金投入方面要配合企业的两化融合总体规划目标与阶段目标，做出整体性的资金投入安排，确保资金投入及时、适度、有效。同时，应对资金投入的有效性进行定期评估，确保"好钢用在刀刃上"，保证两化融合实施绩效。

2）人才保障——两化融合过程会引入大量的新理念、新技术、新方法、新工具，这就要求相关部门和岗位要进行思维更新和职责调整，对人员的素质和要求也提出了新的要求。企业要建立其人才保障机制，及时明确职能和岗位的新要求，建立人员引进机制。当内部人才不足时，可以适时引进外部人才，或借助"外脑"为我所用；加强内部人员的培训、激励机制，将企业员工能力提升引入企业人力资源规划工作中。

3）设备设施——设备设施的自动化、数字化、网络化、智能化水平对于企业业务的整体协同和管理精细化提出更高要求。企业应建立和明确两化融合设备设施保障制度，建立从设备设施采购、配置、使用、维护、维修、报废等环节的全生命周期管理制度，对设备设施实施精细管控。围绕新型能力的建设要求，统筹规划设备设施的升级改造工作，充分发挥设备设施对于企业综合集成和新型能力提升的基础性作用。

4）信息资源——信息资源已经逐渐成为企业的战略性基础资源，其重要性日益受到企业的关注。正因为如此，信息资源也是企业当前和未来获取与保持可持续竞争优势的核心资源。企业两化融合的发展水平也直接反映了对信息资源的利用程度和水平，企业信息资源管理能力越强，两化融合发展水平越高。企业应建立内部信息资源采集、分享与利用的机制，同时在信息化系统或工控系统上线时,考虑到信息传递和共享的需求,预留兼容接口,避免形成信息孤岛。

5)信息安全——因为信息资源的重要价值,信息安全也被提上日程,这已经是企业普遍达成的共识。企业应加强信息安全重要性的宣传,使全员树立信息安全理念并加以重视和遵守,明确信息安全的管理制度,增强全员信息安全意识,运用新技术手段保证核心、机密信息不泄露,针对信息安全事件也要有相应的应急预案,提升企业的信息安全事件处理能力。

(5)两化融合管理体系的六导向。

1)以效能提升为导向。

构建高效、灵活的管理模式,确保战略可管控、可落地、可优化,精准提升企业效能效益。基于两化融合的管理循环,通过过程有效确保结果有效——获取与企业战略匹配的可持续竞争优势,信息化环境下新型能力的要求、目标、实现过程、信息化环境下新型能力。

新型能力持续打造获取竞争力——识别内外部环境的变化,并明确与战略匹配的可持续竞争优势需求;持续打造信息化环境下的新型能力;质量提升与顾客满意;业务效率;财务优化;创新能力。

可持续竞争优势获取经济社会效益——获取预期的可持续竞争优势,实现战略落地;跟踪评测,寻求战略、可持续竞争优势、新型能力互动改进的机会;经济效益:收入、成本、利润等;社会效益:能耗、排放、安全生产、社会贡献率等。

2)以数据为驱动。

两化融合的四个基本要素:组织结构、业务流程、技术、数据。

数据成为新驱动要素，强化信息资源管理和数据开发利用；用机械自动化替代人工体力劳动，数据自动化替代人工脑力劳动。

数据为驱动：数据自动采集、自动传输、自动运行、自动优化、自动决策。企业应建立基于数据化网络、新驱动要素的组织管理模式。

企业决策、经营管理、产品设计、工艺设计、生产制造、过程控制、产品测试、产品维护。

3) 以新型能力为主线。

新型能力体系举例：

研发创新能力可以体现为协同研发设计能力。

生产管控能力可以体现为大规模个性化、定制生产管控能力；围绕数据、技术、业务流程、组织结构四要素互动创新和持续改进，识别和打造企业核心竞争力。

供应链管理能力体现为供应链协同运营；以能力打造为牵引，重构企业生产方式、财务模式和组织管理机制。

经营管控能力体现为网络化经营管控，包括诸如一体化高效经营管控、复杂项目的精细化管控、基于数据分析的智能决策、集团型企业资源集中管控与协同运营等。

财务管控能力体现为财务管控互联网化，包括财务与业务集成、成本精细化管控、集团型企业财务集中管控等。

用户服务能力体现为制造业服务化转型，包括精准营销、用户互动与敏捷服务、客户订单快速响应与交付、产品全生命周期追溯等。

4）以综合集成为突破口。

企业发展要实现企业内部管控、供应链、产品全生命周期综合集成，比如：

产品设计与制造的集成管理；经营管理与生产控制的集成管理；产供销的集成管理；财务与业务的集成管理；决策支持的集成管理。

企业管理要实现人与人、人与机器、机器与机器、服务与服务之间的互联互通，实现三大集成：横向集成、纵向集成、端到端集成。

5）以流程化为切入点。

企业与相关价值主体间形成开放动态的价值网络，快速响应客户需求和市场变化；基于开放价值网络，动态优化配置企业内外部资源。

开放动态的价值网络体现为流程化，建立流程驱动、协同协作的动态组织模式，解决中国企业组织刚性强等问题。

6）以服务化为方向。

制造业向产业链高附加值环节延伸，由单纯提供产品向提供全价值链服务转变。远程在线服务、产品全生命周期管理与服务，网络精准营销、个性化定制，构建网络协作关系。

主动将用户引入产品研发设计、加工制造和应用服务等全生命周期的各个环节；主动发现用户需求并展开针对性服务；企业从而获得基于两化融合的生产组织方式与服务模式转变。

（6）六种评测改进方法。如图 3-5 所示。

企业应系统地对两化融合及其管理体系的有效性进行分析判断，包括企业两化融合目标是否达成、新型能力是否按照预期形

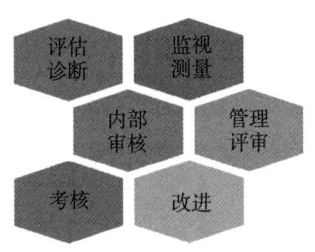

图 3-5　六种评测改进方法

成、新型能力的打造是否有助于企业获取可持续竞争优势、可持续竞争优势是否有效支持了企业战略的实现。这是管理形成闭环的关键环节，也是确保管理有效的重要步骤。两化融合评测和改进方法主要有以下几种：

1) 评估与诊断——企业应明确评估与诊断的制度安排，按照规定周期对企业实施整体性评估。企业应评估自身的总体发展现状及变化情况，包括企业战略描述的变化、组织结构的调整、业务流程的变化等；通过与行业先进水平的标杆对比，与全国企业两化融合发展水平的对比，明确自身的薄弱环节与努力方向、工作重点；分析企业上一周期的实际成效，与计划目标的对照；诊断目标未达成的原因，提出解决问题的方法和路径。

2) 监视与测量——企业应建立监视与测量机制，定期开展监视与测量活动。明确两化融合监视与测量制度，建立体系运行中的重要环节，比如业务流程、组织结构、技术、数据的必要信息；设置关键指标，涵盖与两化融合实施框架相关的各职能层次，并对关键指标的完成情况进行动态跟踪。

3) 考核——企业应明确两化融合管理体系考核制度要求，建立覆盖企业、业务流程、部门、岗位的精准绩效考核制度，设置定性或定量考核指标，将其与奖惩制度挂钩，体现考核制度的导向性作用。

4）内部审核——企业应明确内部审核的制度要求。了解两化融合管理体系是否符合标准的要求和企业的策划，了解企业在已制定的管理体系框架下，实施和保持是否有效开展。

5）管理评审——企业应建立两化融合管理体系的管理评审要求。最高管理者应按照一定的周期，一般是年度，组织召开两化融合相关职能和层次负责人参加的管理评审活动，并主持管理评审会议。把握管理体系的改进机会，落实管理体系的变更需求，确保企业两化融合管理体系持续适宜、充分、有效。

6）改进——企业应建立两化融合改进的制度要求。将内部审核和管理评审中发现的问题向相关组织反馈，深入研究不符合产生的根本原因，制定针对性的整改措施，有效解决两化融合管理体系实际中存在的不符合项，并采取必要措施保证不符合项不再重复发生。

（7）六个实施过程。如图3-6所示。

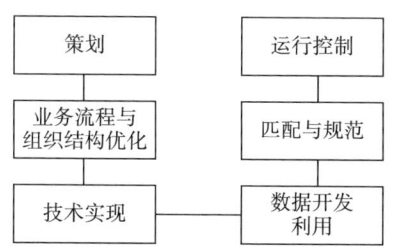

图3-6 六个实施过程

两化融合管理体系中的实施过程，实际上是新型能力的实施过程，体现了项目化管理的思想和方法。

1）策划——对于新型能力的打造，首先要进行策划。根据体系策划明确提出的新型能力，分析其在业务流程、组织架构、技术实现、数据利用四个方面的具体需求，提出整体的实施框架。包括业务流程与组织结构优化需求、技术实现需求、数据开发利用需求、匹配与规范需求、运行控制需求等。策划方案要由管理者代表组织相关业务部门进行研讨，充分沟通，评审签字后作为正式实施框架公布执行。

2）业务流程和组织架构优化——新型能力的打造会对企业原有的职能制组织架构产生影响，业务流程往往会跨越几个部门，这就需要对原有的业务流程和组织架构进行调整优化。调整前后要与相关的业务部门进行充分沟通，并制定相应预案，对优化调整中可能出现的冲突与问题进行提前规划。

3）技术实现——技术实现这个环节与传统的信息系统实施过程类似。企业通过招投标等方式与系统供应商签订合作协议，共同制定项目实施方案，明确关键阶段节点。经过必要的项目准备工作，开始测试、实施上线、技术转让等工作，保证系统的上线运行。技术实现过程中，企业与系统供应商要密切合作，确保系统规划目标的顺利完成。

4）数据开发利用——数据开发利用这个环节是价值体现的核心环节。数据是两化融合管理体系四要素的核心。通过业务流程、组织结构、技术的不断优化和调整，确保数据的发生、收集、处理、分析、提取、展示等得到充分应用，价值得以体现。

5）匹配与规范——匹配与规范是技术实现之后，企业进行的制度固化工作。业务流程组织结构优化要与技术进行一定时间的磨合，确保可以顺畅无碍地执行。磨合期结束后，企业应制定制度规范对技术的使用进行固化。如果发现前期的策划与实际工作有出入，需要进行必要的调整。

6）运行控制——运行控制是对整个新型能力打造过程的实施性维护，包括对技术（软硬件）的维护，对组织架构业务流程的维护。企业应建立定期的运行维护机制，保障整个新型能力打造的顺利执行。组织应采取适宜的措施确保相关制度规范得以有效执行。组织应形成适宜的规定，确保正式运行的风险得到有效防范，同时组织应保留运行控制的文件化信息。

目前多数企业的数据开发利用工作尚处于低级阶段，往往只是利用EXCEL等数据报表进行数据传递，后期可以利用数据挖掘、BI等技术应用，提升企业的数据开发利用能力。企业的管理是动态的，面对的市场环境也是瞬息万变的，导致企业的战略、组织架构、业务流程、技术应用等工作也会不断调整，进而导致自上而下的可持续竞争优势和新型能力也要不断优化调整，以适应企业新的内外部条件的变动。

运行控制既是上一轮实施过程的终点，也是下一轮实施过程的起点。通过运行控制过程的实施，保证整个实施过程的循环往复，促进企业新型能力的获取与提升，推动企业的两化融合发展水平不断迈上新台阶。

（8）八个体系建设步骤。

企业要建立两化融合管理体系，可以按照图3-7的八个步骤，循序开展。

1）建立与企业战略一致的两化融合方针。

方针是企业实施两化融合的总纲领和大方向，因为企业实施两化融合管理体系要基于企业战略展开，所以两化融合的方针也要与企业战略保持一致。

同时，两化融合方针也要注意与国家政策、行业标杆做法想

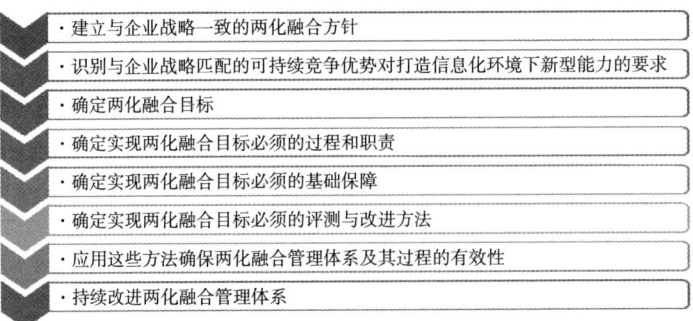

图 3-7　两化融合管理体系建设八步骤

适应。比如当前倡导的智能制造、"互联网+"、"双创"等理念，要有针对性地吸收和整合。

2）识别与企业战略匹配的可持续竞争优势对打造信息化环境下新型能力的要求。

"战略-优势-能力"是两化融合管理体系建设的主线。只有将与企业战略匹配的可持续竞争优势进行识别，才能明确企业未来发展的方向，保证企业的基业长青。进一步对可持续竞争优势进行分解，分析若要获取以上竞争优势，要在企业管理的哪些方面、哪些领域开展具体工作，计划取得什么样的成效，如果将这些目标与现代先进的生产制造、信息技术进行结合，就是要打造的新型能力所在。

3）确定两化融合目标。

两化融合的目标可以分为两类：一是总体目标；二是阶段目标。总体目标要与企业的战略方向一致，可以是企业3~5年战略目标，也可以是单独的信息化长期规划目标。阶段目标一般是年度目标，就是现阶段要实现的目标。

无论是总体目标还是阶段目标，都应满足具体的、可测量、可达成、相关性、时限性的 SMART 原则，才是有效的目标设定。

4）确定实现两化融合目标必需的过程和职责。

实现两化融合目标必须落实到具体的组织、岗位、人员，必须建立适宜的过程控制机制。

明确组织内部参与两化融合实施各部门的职责分工，并通过研讨评审，使相关部门和人员了解。谁牵头、谁组织、谁实施、谁跟踪、谁审核等两化融合过程要在具体工作开展之前确定下来，避免实施过程中的推诿扯皮、无效内耗。

5）确定实现两化融合目标必需的基础保障。

任何一项管理活动，都需要有必要的人、财、物保障，两化融合也不例外，确定实施两化融合工作所需的资金投入、人才保障、设备设施、信息资源、信息安全等基础保障，是两化融合工作可以顺利开展的基础性工作。

6）确定实现两化融合目标必需的评测与改进方法。

评测和改进方法的确定对于两化融合实施同样重要。否则只是一味地执行，没有回头看机制，实施的效果如何体现、原定目标有没有完成、实施过程是否存在问题，都需要通过评测改进工作来回答。

两化融合管理体系的评测和改进方法主要有六种：评估诊断、监视与测量、考核、内部审核、管理评审、改进。通过建立周期性（年度/月度）的评测改进方法实施，保证两化融合方向不偏离，目标可实现。

7）应用这些方法确保两化融合管理体系及其过程的有效性。

对以上工作方法和步骤的应用，要在体系要求标准基础上，结合企业的实际开展，具体工作方法可以有差异，但是原则和框架要与标准保持一致。

8）持续改进两化融合管理体系。

两化融合管理体系建立与实施是一个持续改进、不断完善的过程，只有起点，没有终点。这就要求企业结合自身现状，紧盯行业先进经验做法，关注新技术的应用，将企业工业化和信息化工作不断深入融合，对数据进行充分挖掘、分析、利用，保证管理体系的持续改进。

（9）九项基本原则。如图3-8所示。

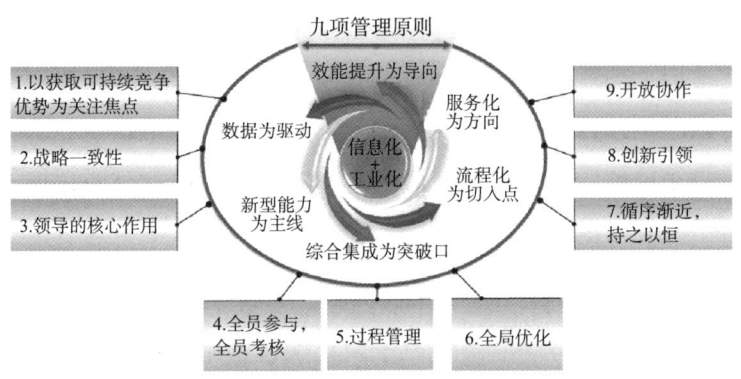

图3-8　九项基本原则

图片来源：工信部发布《003-两化融合管理体系的理论和基本框架 v17.0》

1）管理原则一：以获取可持续竞争优势为关注焦点。

企业做两化融合的目的是什么？是为了追求更高的信息化水平，还是为了追求更先进的工业生产方式，降低生产成本？都不是。两化融合的关注焦点应该在形成企业的可持续竞争优势上。

企业应该通过行业标杆研究、对标分析等方法，发现行业先进水平的领先做法，找到自身已经形成的竞争优势，不断加强、巩固，保持与同行业企业的差距；对于自身不具备，确实行业成功因素的那些优势，应该制定系统规划，逐步缩小与同行业先进水平的差距。

为什么要以获取可持续竞争优势为关注焦点？在两化融合发展过程中，组织内外部环境日益复杂多变，个性化竞争优势成为组织生存和发展的必然要求。通过不断打造信息化环境下的新型能力，形成并保持动态竞争优势，使组织可持续发展的必然选择。

围绕获取可持续竞争优势部署和推进两化融合，实现两化融合的闭环控制和良性循环。中国各类组织获取可持续竞争优势成功实现转型升级的关键——通过信息化解决工业化发展不足的问题，装备化基础薄弱和流程管理缺位等；抓住信息化带来的新的发展机遇和潜能，占领新一轮技术革命和产业发展的制高点：互联网、大数据、云计算、物联网、智能制造等。

2）管理原则二：战略一致性。

企业的两化融合以获取可持续竞争优势、打造信息化环境下的新型能力为目标，优势和能力都要向企业战略看齐，与企业战略保持一致，大方向不能变。两化融合的目的说到底还是为了实现企业的战略发展目标。

企业只有将两化融合提升到战略高度才会真正得到重视和获得实效。因为两化融合涉及理念的变革、发展要素的演变、模式的转型、技术的创新，且服务于组织全面优化和升级发展，因此，两化融合已经成为关系到组织所有职能和层次的内生发展要素。组织要从战略层面统筹规划两化融合，才能真正把握两化融合的本质

两化融合要与组织战略保持一致。组织要准确定位符合信息化时代要求的发展战略，并推动其与时俱进；组织当前及未来需

要形成的可持续竞争优势要与其发展战略相匹配；组织要确保两化融合工作与组织战略的一致性和协调性，围绕形成所需要的可持续竞争优势，对两化融合全过程进行监管管理，并对两化融合的成效进行考核。

两化融合是组织战略有效执行和落地的重要途径。由于两化融合涉及组织所有的职能和层次，所以在两化融合过程中，企业可将组织战略发展的要求全面、准确、及时、有效地落实到相关的职能和层次，从而推动组织发展进步、创新变革和战略实现。

3）管理原则三：领导的核心作用。

两化融合是一个系统工程，不是在企业局部进行的小打小闹，涉及企业的各个方面。这就需要领导干部发挥核心作用，推动体系的实施。

企业贯标初期会成立以公司董事长或总经理为组长的领导小组，以 CIO 或主管信息化工作的副总为组长的工作小组，就是为了体系领导在两化融合工作中的核心作用。

贯标结束后，领导小组和工作小组也应该长期存在，对企业的两化融合工作持续推进，指导企业各层面的两化融合工作持续推进。

两化融合需要各级领导合力推进：

两化融合是组织战略级任务；是典型的一把手工程，是最高管理者的重要任务。需要最高管理者有做出战略决策的魄力，关键在于最高管理者的认识水平、变革决心、领导能力。所以，最高管理者需要加强自身学习、深化对两化融合必要性和迫切性的认识；培养和增强管理层及全员的两化融合意识，营造良好氛围；完善两化融合推进机制；确保资源的有效供给。

两化融合涵盖业务和管理的优化和变革，覆盖组织的所有职能和层次，需要管理者代表统筹全局。管理者代表的统筹水平和执行力很重要。为了更好地执行任务，管理者代表需要得到合理授权；通过信息化解决企业生产、经营和决策的问题；懂技术、业务和管理；专业水平高、组织协调能力强；CIO 作为人选，面临重大挑战。

两化融合的整体性和动态性要求越来越强，所以各级领导的主动性很重要。各级管理者是两化融合需求的提出者、执行落实者，各职能、各层次的主管领导是相关两化融合应用的主要负责人。

4）管理原则四：全员参与、全员考核。

两化融合管理体系与企业管理体系不同之处就是，两化融合是企业的日常工作，涉及企业工作的方方面面；其他管理体系只是作为专项的管理，涉及范围相对较窄。

两化融合强调全员的参与，并建议将两化融合工作分解为具体的指标，和员工的考核挂钩，不管是 KPI 考核还是 BSC 考核，都应该在具体的指标设计中体现与两化融合的相关性。只有将考核奖惩与两化融合实施挂钩，才能保证员工的参与热情与积极性。

管理原则四是有效解决两化融合工作高阻力、低参与、员工对工作成败不担责等问题。要做到这一点，组织总体层面需要围绕两化融合工作的持续改善统筹协调并确定两化融合工作重点和流程；需要进行两化融合现状梳理并提出需求，贯彻落实具体的两化融合工作要求。组织各个职能和层次的全员是两化融合的需求提出者和工作贯彻落实者，包括管理人员、业务人员、专业技术人员、现场操作人员等。全员参与和全员考核的目的在于调动全员的积极性、自觉性、创造力。具体包括：

- 建立全员参与机制：以实现员工个人和企业共同发展为宗旨，建立员工培养和发展机制，完善企业文化。
- 营造全员参与氛围：在通过信息化确保整体运行规范、高效的前提下，尽量为员工工作及相互沟通提供便利，并给予其足够的发挥空间，激发其创造力。
- 明确全员职责：明确员工的两化融合相关职责，为员工履行职责提供帮助。
- 建立全员考核制度：创新应用新技术、新方法、新理念，不断加强员工赋能和绩效激励，调动员工积极性和创造力。

5）管理原则五：过程管理。

任何一项管理体系都强调 PDCA 的过程循环。体系本身是一个大循环，具体到每项工作也是一个循环。企业应该强调并培养员工的过程管理思想，树立"规划－执行－检查－改进"的思维方式，保证企业各项工作能够得到持续的完善与改进。

为什么两化融合需要过程管理，原因在于：

- 适应以用户为导向的市场竞争新需求：当前组织创造价值的过程实质上是跨部门完成的，组织按照专业职能分工的传统组织架构无法完全满足这种新需求的快速变化；信息化条件下，组织结构需要从纵向职能分工向横向协同整合这一过程方式转变。
- 两化融合工作复杂性和探索性的要求：两化融合复杂性高、探索性强，在两化融合过程中出现偏离或失误的概率较大，如不能及时纠正，其影响将难以估计，这也往往导致两化融合成效不佳甚至彻底失败。

所以采用过程方法，通过闭环管理方法，系统地识别和管理组织中两化融合的应用过程，特别是这些过程之间的相互作用，将有助于两化融合水平的螺旋式上升，从而获得两化融合建设的成功。

两化融合过程管理要点：

·目标：确保两化融合过程持续受控，提升两化融合的效率和效果。

·做法：以打造信息化环境下新型能力为主线，明确两化融合过程，以及过程之间的相互作用关系；在受控条件下实现这些过程；对过程进行评估与诊断、监视与测量、考核，并报告结果，持续改进两化融合过程。

·价值：可基于原有管理基础逐步建立并细化两化融合过程管理机制；确保不重复发生过的不足或错误，尽量减少可能发生的不足或错误；确保局部实现的成功应用能迅速应用到全局，实现两化融合的效率和效果螺旋式上升和良性发展。

6）管理原则六：全局优化。

由于两化融合管理体系以可持续竞争优势为关注焦点，并保持与战略的一致性，所以两化融合管理体系的优化具有全局性和系统性。

从企业全局的角度考虑整体优化策略，在整体的两化融合策划框架下考虑优化，而不能只是简单的"头疼医头，脚疼医脚"，否则无法从根本上解决问题。

为什么两化融合需要全局优化？

两化融合是组织的战略级任务，覆盖组织全局——企业需要将相互依赖和关联的两化融合相关活动和过程视为一个系统；从全局角度对两化融合的整体运行进行全面管理，实现动态改进和全局优化。

两化融合的短板需要系统分析、识别并弥补——两化融合推进不能"强者更强、弱者更弱""头痛医头、脚痛医脚",片面或简单地把工作重点和资源主要集中在易出彩、好完成的领域或方面。

系统方法是指为了获得预期结果,从系统的整体层面出发,实现分解与综合、分工与协作的有机结合,加强定性与定量分析的交互应用,科学处理局部与总体的关系,以实现全局优化的方法。

两化融合全局优化的要点在于:

·目标:加强两化融合过程间的有机关联性;提升两化融合的整体有效性;加强两化融合管理的全局优化和动态改进。

·做法:将企业的两化融合视为一个有机整体,并以系统方法进行管理;明确两化融合管理体系总体与局部的分解关系,以及分工协作机制;充分应用新技术、新方法、新理念,全面提升两化融合管理体系的有效性,实现全局优化。

·价值:确保和不断提升组织两化融合的整体有效性。

7)管理原则七:循序渐进,持之以恒。

两化融合管理体系的实施需要一个过程。罗马不是一天建成的,一口吃不成胖子。两化融合的发展也有其独特规律,企业今天处于单项应用的发展阶段,明天就能跃升到协同创新,无异于痴人说梦。只有坚持循序渐进,持续地更新与完善,坚持不懈,才能实现发展阶段的螺旋式上升。

实际上,管理体系本身也在不断循序渐进。根据企业的发展状况和新科技的不断涌现,近几年管理体系本身也在不断地更新和完善。由于两化融合是信息化时代各类组织生产、经营和决策等全面现代化的过程,所以两化融合只有起点、没有终点,两化融合不可急于求成、一蹴而就。这既是管理变革的要求,也是风险控制的要求，更是组织持续发展的要求。

两化融合与管理变革密不可分，管理变革需要循序渐进，两化融合也需要逐步优化。同时，两化融合伴随着各种风险，采取循序渐进的策略，有助于将风险控制在合理的范围内。因此，两化融合要与组织发展有机结合，与之相适应，长期持续推进，不断改进其绩效。

在持续推进两化融合的过程中，企业更需要注重时效性，关键动作有三个：

·设立能力目标——不断确立新型能力及目标。

·确保有效执行——增强执行力，确保新型能力及目标按时高效实现。

·形成良性循环——持续完善两化融合，同时不断坚定推进两化融合的信心、决心和恒心。

成长型组织推进两化融合，循序渐进、持之以恒这一原则尤为重要，一定要将组织快速发展对两化融合的迫切需求落到实处，防止信息化与管理发展脱节。

8）管理原则八：创新引领。

两化融合管理体系的创新引领体现在如下几个方面：

·管理体系的提出是一种创新，集合了当今领先的管理理论和管理思想。

·管理体系借助的技术条件是创新的，不论云大物移，还是CPS。

·对企业而言，唯有创新才是可持续的竞争优势。

"天下武功，唯快不破。"只有坚持不断地创新，不管是企业的生产技术，还是科技研发、营销模式，都需要快速的创新。生产工具的先进性和资金等不具有可持续性，就在于可以很快地为竞争对手复制。要想保持行业中的领先地位，就只有在创新的速度上不断超越对手。

全球创新发展面临新形势：全球一体化趋势进一步加速；市场动态性不断加强；地域优势行业边界不断淡化，产业融合日益深化，信息不对称问题逐步解决。组织只有不断创新，才能在激烈的竞争中获得差异化相对优势，赢得可持续发展空间，应用创新、集成创新成为主要创新形式。

中国创新发展面临的新形势：中国的市场竞争机制不断健全——资源定价不合理，准入壁垒等市场机制不完善造成的竞争环境不公平问题逐步改善。很多产业已趋近或达到国际先进水平——组织仅依靠"模仿"或"跟随"难以支持进一步发展，创新成为中国制造业由大变强的必由之路。

因此，信息化时代两化融合促进组织创新有四个基本要素：组织结构、业务流程、技术、数据。在数字时代，技术、业务流程、组织结构三个要素被融入了新的内涵。

数据已经成为驱动经济社会发展的新要素，为组织发展开辟了新空间，创造了新机遇。数据、技术、业务流程、组织结构互动创新。

9）管理原则九：开放协作。

两化融合管理体系本身是一个开放的体系，并不排斥其他的管理体系，而且可以将其他体系的做法和经验应用于两化融合。

同时，两化融合所倡导的横向价值链协同也是希望行业内的企业可以借助两化融合管理体系这个平台，可以处于相同的语境之下，促进纵向价值链企业之间的协同。

在开放协作过程中，我们可以看到信息化为组织带来了开放机会和创新潜能。集中体现在如下两个方面：

- 生产经营特征发生了重大转变——从集中化向分散化转变；从趋同化向个性化转变；从用户导向向用户参与转变。
- 市场需求发生了新趋势——开放型、动态性、个性化。

为此，两化融合管理体系所倡导开放协作对企业组织也提出了要求，需要企业组织做好三件事：

- 重构和整合内外部资源——转变资源独占意识强等传统的资源要素观念；不断加强资源共建共享；充分用好外部资源，包括组织的各级供应商、经销商，为组织配套的中小企业、为组织服务的研究机构、分散的制止工作者等。
- 建立灵活机动的组织形态——建立流程驱动、协同协作的动态组织架构；解决中国各类组织的组织刚性强等问题。
- 探索开放的价值网络——为快速响应用户需求和市场变化，组织要与其他价值主体间逐步深化为一个更加开放、动态的价值网络；应用 IT 手段，以用户需求为中心，在整个价值网络范围内优化资源配置，实现高度协作、成本更低、反应更快的供需对接和集成运作；每个组织基于不同的目的，可以处于不同的价值网络中，发挥不同的作用。

第二节　两化融合管理体系的基本框架

两化融合管理体系的基本框架是什么？

一、两化融合管理体系的基本框架主要解决往哪走、做什么和怎么做的问题

往哪走,是要说清楚企业的战略循环,即战略-可持续竞争优势-新型能力的逻辑支撑。

做什么,是要说清楚企业的要素循环,即解决企业需要充分发挥哪些要素的作用,数据、技术、业务流程、组织结构,形成互动的螺旋式上升。

怎么做,是要说清楚管理循环,即从策划到支持实施与运行,到评测,到改进的逻辑实现路径。如图3-9所示。

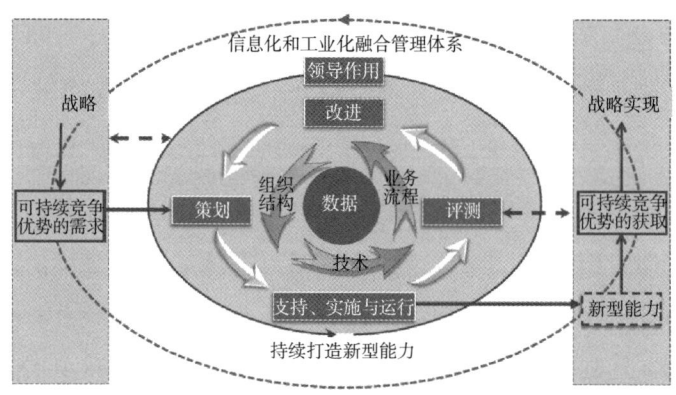

图3-9 两化融合管理体系的基本框架

图片来源:工信部发布《003-两化融合管理体系的理论和基本框架 v17.0》

(1)往哪走?战略循环(战略-可持续竞争优势-新型能力)。

组织的战略应充分融入两化融合的发展理念,识别内外部环境的变化,并明确与战略相匹配的可持续竞争优势需求,通过打

造信息化环境下的新型能力，获取预期的可持续竞争优势，实现战略落地。

通过对战略循环过程进行跟踪评测，寻求战略、可持续竞争优势和新型能力互动改进的优势。

（2）做什么？要素循环（数据－技术－业务流程－组织结构）。

围绕拟打造的新型能力及其目标，通过发挥技术（包括但不限于信息通信技术、管理技术、服务技术、能源技术、应用领域技术等）的基础性作用，优化业务流程、调整组织结构，并通过技术来实现和规范新的业务流程和组织结构。不断加强数据开发利用，挖掘数据这一核心要素的创新驱动潜能，推动和实现数据、技术、业务流程、组织结构四要素的互动创新和持续优化。

（3）怎么做？管理循环（策划－支持、实施与运行－评测－改进）。

围绕数据、技术、业务流程与组织结构四要素，充分发挥领导的核心作用，建立策划、支持、实施与运行，评测与改进管理机制，规范两化融合过程，推动新型能力的螺旋式提升，稳定获取预期的竞争优势。

二、两化融合管理体系的基本框架解读

（1）可持续竞争优势。

组织应深刻认识影响其可持续发展的内外部环境变化，按照本标准的要求，建立、实施、保持和改进两化融合管理体系，以打造信息化环境下的新型能力，获取与组织战略相匹配的可持续

竞争优势。

识别组织的内外部环境——组织应识别与其战略、可持续竞争优势有关的各种外部和内部因素；组织应对这些外部和内部因素的相关信息进行分析和确定。以获取与组织战略匹配的可持续竞争优势为关注焦点。

识别和确定可持续竞争优势需求——将两化融合作为贯穿战略始终的重要内容；可持续竞争优势的需求应与战略相匹配。获取可持续竞争优势，通过对信息化环境下的新型能力进行策划、实施、运行、评测与改进，确保获取与组织的战略相匹配的可持续竞争优势。

两化融合管理体系中的体现：确定两化融合管理体系的范围；建立、实施、保持和持续改进两化融合管理体系；保留两化融合管理体系的文件化信息。

（2）领导作用。

领导作用是确保两化融合管理体系建立、实施、保持和改进。

最高管理者——只有最高管理者才能确保将两化融合在组织战略层面进行安排和部署；只有最高管理者始终紧跟信息化时代发展潮流，才能确保组织的战略及两化融合总体上实现与时俱进。

两化融合的方针——围绕组织战略、获取可持续竞争优势和打造新型能力的要求，确定企业两化融合行动纲领。

管理者代表——管理者代表只有满足以下要求，才能推动两化融合有效地服务于组织所有相关的职能。

·经过充分授权。

- 不断提升自身综合素质。
- 对两化融合相关工作进行合理统筹和坚强执行。

协调与沟通机制——两化融合的创新性、专业性、实践性都很强，与企业所有职能和层次均紧密相关，覆盖面广、渗透度深；两化融合推进过程中存在大量的协调与沟通工作，其有效性对两化融合的成败至关重要；通过协调与沟通机制确保相关工作得到及时、合理、有效的协调与沟通，实现充分信息共享，取得共识，形成合力。

(3) 策划。

1) 新型能力的识别与确定。

组织应围绕可持续竞争优势需求，按照所形成的规定对拟打造的新型能力及其关键指标进行识别、调整、评审和确定，并保留文件化信息。

组织确定的新型能力，应能够有效支撑其获取预期的可持续竞争优势。

为充分、稳定获取可持续竞争优势，组织宜规划并形成系统性的新型能力体系。

2) 新型能力目标的确定。

组织应根据拟打造的新型能力，建立新型能力目标，并按照所形成的规定进行调整、评审和确定。

新型能力目标应是具体的、可测量的、可实现的且有时间要求的。

3) 两化融合实施方案的策划。

组织应围绕拟打造的新型能力策划两化融合实施方案，明确数据、技术、业务流程、组织结构互动创新和持续优化的需求和实现方法，以有效实现预期目标。

组织应形成策划两化融合实施方案的规定，包括确定策划的方法与过程、责任人和参与人的职责和权限等。

4）典型案例一：某公司信息化环境下新型能力的识别确定及两化融合实施方案策划。

·从解读某公司企业发展战略开始：

公司通过"十一五""十二五"发展规划的编制、实施、修订实践，逐步形成了公司的战略管理体系：

➢ 分析与决策：信息搜集、分析、决策。

➢ 确定总体规划/目标：总体规划、目标预测、确定总目标。

➢ 确定子规划/子目标：目标分解、制定子规划、整合。

➢ 行动：行动计划、行动。

➢ 测量/预测：结果测量、绩效预测。

➢ 战略评审：结果分析、评审。

➢ 战略调整：影响因素分析、调整决策。

➢ 调整战略纲要、总策划/总目标（公司绩效）、分（子）规划/子目标（部门/单位绩效）、行动计划/行动目标（行动/工作绩效）。

➢ 最终达成战略结果/组织绩效。

·可持续竞争优势需求的识别与确定。

取势：

外部分析：行业趋势分析、跨界影响分析；竞争对手变化、对标分析、利益相关者分析。

内部分析：企业两化融合水平、企业发展目标和资源。

明道：

明确企业使命、愿景、战略；理清行业关键成功要素、行业五力模型、价值链、分析客户需求及差距分析；分析确定现有竞争优势、确定未来需要的可持续竞争优势；确定变革和提升关键需求、分析识别资源现状和需求。

优术：确定新型能力建设方向和优先顺序。

·可持续竞争优势的识别与确定：

技术研发：掌握核心技术、形成主要市场的技术主导权。

产品：提升产品的稳定性和可靠性。

制造：响应快速和运营高效的专业化主制造基地。

品牌：提升品牌知名度、市场全球化。

人才：国际化、跨行业人才、百人精干团队。

集团管控：有效管控、科学决策与评价。

·信息化环境下新型能力的识别与确定：

该公司的新型能力体系识别如表3-1所示。

表3-1 新型能力体系识别

可持续竞争优势需求	信息化环境下的新型能力需求	状态
技术开发优势	跨行业平台化产品和服务研发能力	已完成
	高效协同的研发管理能力	已完
产品优势	敏捷高效供应链集成能力	正在打造
	精益制造管控能力	已完成
	全面质量管理能力	正在打造
制造优势	敏捷高效供应链集成能力	正在打造
	精益制造管控能力	正在打造
	财务管控能力	已完成
品牌优势	营销能力	已完成
	全面质量管理能力	正在打造

续表

可持续竞争优势需求	信息化环境下的新型能力需求	状态
人才优势	人力资本管理能力	已完成
集团管控优势	财务管控能力	已完成
	决策支持能力	正在打造
	流程管理能力	正在打造
	协同办公能力	已完成
	信息安全长效保障能力	已完成
	IT治理能力	已完成
	主数据管理能力	正在打造

数据来源：微信号——企业数字化转型生态圈

· 新型能力目标的确定：

总体目标：2015年至2017年，是集成提升阶段，两化融合总体得分不小于75分；2017年至2020年，是创新突破阶段，两化融合总体得分不小于90分。

新型能力目标包括：

体系融合创新：将两化融合管理体系与卓越绩效管理体系进行融合创新。

生产周期：减少20%；生产及时交付率提升到98%；人均劳动产值达到410万/人年；一次交检合格率达到98%；设计问题年度及时闭环率达到95%；研发产出效率提升10%；产品成本全年节约500万元。

· 确定高效协同的研发管理能力作为本次的重点之一，为高效协同的研发管理能力进行策划。

战略驱动：从公司战略可以看出，公司战略需要对进行产业扩张，需要高效协同的研发管理能力。

对产品要求：高质量、低成本、短周期，已有基础。

战略要求：提升技术协同能力、管理协同能力、知识协同能力。

三个专项支持：

PLM 系统深化改进：以构建规范、高效的研发协同管理平台为目标，紧密跟随 IPD 建设步伐，从业务持续改进要求落地、专题操作效率提升、数据统计分析能力提升、跨业务过程集成、EDA 库建设五个方面深化改进研发过程管理平台。

项目管理系统（PMS）改造：以提升核心资源、多项目计划协同管理能力为目标，打造模板化、流程化驱动的项目全过程管控平台，形成组织级多项目计划协同与核心资源协同管理平台。

知识管理分层分级（KM）建设：以提升知识协同能力为目标，已既有的知识管理体系框架及知识管理平台为依托，组织从体系化研发单元子库构建、知识内容建设、知识间流向等模块开始优化建设平台。

· 确定精益制造管控能力作为本次的重点之一，为精益制造管控能力进行策划。

精益制造从精益生产和精益管理两个角度去优化从计划、采购到生产的整个流程体系，并运用信息化手段来支撑。

· 支持：

两化融合覆盖组织全局，涉及全员、全要素，范畴覆盖研发信息化、基础网络和自动化、过程控制、系统集成、经营管理和决策信息化等都属于两化融合范畴。

识别两化融合管理体系及其过程所需要的内外部支持条件和资源，并围绕新型能力的打造进行统筹配置、评估、维护和优化。

为确保支持条件和资源的持续提供，组织应评估其适宜性和有效性，并寻找改进机会。

资金投入：围绕新型能力的打造、保持、持续改进，对相关资金投入与使用进行统筹安排和优化调整；确保资金投入与使用的合理性、适度性和及时性。

人才保障：两化融合过程引入新技术、新方法、新理念，会引发相关职能和岗位的职责调整，对人员提出新的能力和素质要求；明确两化融合相关的人才保障制度。

设备设施：设备设施的自动化、数字化、网络化和智能化水平对整体业务协同和管理精细化有重大价值；围绕新型能力要求，统筹安排设备设施的提供、维护和升级改造；充分发挥设备设施对于组织综合集成和新型能力提升的作用。

信息资源：信息资源逐渐成为组织的战略性基础资源，是企业当前和未来获取和保持可持续竞争优势的核心要素；组织的两化融合水平越高，信息资源管理能力越强，价值越大；明确信息资源的保障制度，包括组织内部和组织之间的信息资源采集、共享和有效利用。

信息安全：加强信息安全保障的重要性、必要性和紧迫性已在企业达成共识；明确信息安全的保障制度，确保增强全员的信息安全意识，提升技术条件和设备设施保障水平，提高安全事件处理能力。

- 实施与运行。

根据两化融合实施方案，主动管理实施与运行过程，确保稳定获取预期目标。

业务流程与组织结构优化，方案的制定、执行、监督与控制；技术实现方案的制定、技术获取、监督与控制；数据开发利用方案的编制、数据的开发利用、监督与控制；匹配与规范化，数据、技术、业务流程、组织结构的匹配性调整；数据、技术、业务流程、组织结构的规范化与制度化；全过程的运行控制。

业务流程与组织结构优化：

业务流程与组织结构优化往往涉及管理变革和利益调整，执行难度大、风险高，是制约技术作用充分发挥、两化融合难以取得实效的关键；明确业务流程与组织结构优化的责任方，形成优化方案，加强执行管理和风险控制。

技术实现：新型能力及其目标实现，业务流程和组织结构优化最终都离不开技术的应用和支持；明确技术实现的责任方，形成技术方案，加强技术获取管理和执行控制。

数据开发利用：数据开发利用可以加速技术、业务流程、组织结构的同步创新，其他要素的发展也会为数据的开发利用创造新的机会和起点；明确数据开发利用的责任方，形成数据开发利用方案，加强开发管理和风险控制。

匹配与规范化：数据开发利用、技术实现、业务流程与组织结构优化间的匹配，是新型能力及其目标实现的关键；在合适的时间范围内开展数据、技术、业务流程、组织结构的匹配性调整，调整完成后实现成果固化和制度化。

运行控制：随着数据、技术、业务流程、组织结构的制度规范化，运行控制更加重要；应制定适宜的程序，确保正式运行的风险得到有效的防范。

5）典型案例二：某公司精益制造管控能力的打造。

·业务流程与组织结构优化。

流程地图 2 份，流程管理办法 112 份，作业指导书 125 份，记录模板 167 份，实现 Level1～Level4 端到端流程体系构建。

承接公司 IPD 流程，对制造环节进行 TO‐BE 流程优化，强调优化工具的有效应用，结合流程优化七大原则，考虑流程线路、接口顺畅和增值分析及去除冗余。（七大原则：工作必要性、工作精准度、信息基础、执行人、工作时间、工作地点、工作内容）

流程的推行、落地及持续改进的关键在于长效机制的构建。为确保流程的持续优化，形成自我完善的机制，制造中心调整组织架构，成立生产技术部、流程管理委员会，并建立流程管理办法、流程稽查、诊断优化机制。

· 技术实现。

业务流程建模，操作数据、操作风险提示。

摸索流程建模工具，设计匹配集成供应链的标准流程模型，对流程操作进行数据分析和匹配，在流程及信息数据变更或发生问题时，提示操作风险。

通过信息系统实现，建立了 TO‐BE 标准流程，建立基础数据标准化方案，MES 管理系统 I/F 设计，MES 界面与功能的导出及设计。

目标是实现透明化生产、敏捷性生产、制造可追溯、质量改善、及时预警、绩效分析等。

其他信息技术手段包括 AGV，RFID 彩屏、监控看板，线边仓管理、自动测试集成，PAD 移动应用等。

· 数据开发利用。

基础数据的梳理工作，主要涉及对 26 类编码规则、184 个工序文本、2000多条产品工艺路线、295项质量故障代码和1000多条工装设备基础数据表的整理。定期进行数据挖掘，推进管理持续改进。

通过生产过程MES+EMI统计报表和FMB工厂监控看板，实现生产数据的开发利用。

·匹配与规范。

分层流程培训课程体系营造流程管理文化氛围。

流程文化——对象：全员；方式：金鹰说流程漫画、制造；金鹰流程专刊。

流程理念——对象：管理人员；方式：流程沙盘模拟课程。

流程操作——对象：流程管理人员、流程角色；方式：流程培训及流程考试；实战介入表单、流程FLASH。

流程委员会的培训与研讨：

年度培训计划——针对流程委员会成员制定流程、信息化方面的培训计划。

外部培训——引入外部培训《跟我们做流程管理》和《台塑流程管理》。

内部培训——每季度组织内部培训。

催化研讨——组织流程管理委员会进行工作催化研讨。

·运行控制。

建立流程信息化问题报备及应急响应机制。

发现问题——问题报备——应急机制——改进闭环。

可以由流程使用人和流程委员会发起。

·评测。

组织需系统地对两化融合管理体系及其过程的有效性进行分

析和判断，依据包括两化融合管理体系的符合性、有效性；通过两化融合是否实现了预期的新型能力及其目标；所形成的新型能力是否为组织获取了预期的可持续竞争优势；是否支持了组织的战略有效落地。

评估与诊断——明确评估与诊断的制度安排，按周期系统开展两化融合自评估、自诊断、自对标；把握本组织总体现状及发展变化情况；通过对比分析，明确两化融合工作重点、目标及实际成效；诊断失效原因，提出解决问题的方法和路径。

监视与测量——明确两化融合监视与测量制度，监测体系运行中的必要信息；设置关键指标，涵盖与新型能力目标和两化融合实施方案相关的各职能和层次；动态跟踪关键指标的运行情况。

内部审核——明确两化融合管理体系的内部审核制度要求；确保两化融合管理体系符合组织对两化融合工作及本标准的要求；确保两化融合管理体系得到有效实施和保持。

考核——明确两化融合管理体系的考核制度要求；建立两化融合管理体系及其过程相关的考核指标和考核制度；将其纳入组织的绩效考核体系。

管理评审——明确两化融合管理体系的管理评审制度要求；最高管理者按照一定的周期，组织两化融合相关职能和层次的负责人开展管理评审活动；把握管理体系的改进机会，落实管理体系的改进需求，确保组织的两化融合管理体系持续适宜、可控。

· 改进。

改进的必要性：用户需求的个性化、技术的进步、管理的变革、内外部条件的变化等都将不断为组织两化融合增添新内涵，树立新目标，提出新要求，动态调整、持续改进是两化融合不断深化，并始终能够为组织赢得可持续竞争优势的必然选择。

改进的本质：为了持续打造组织在信息化环境下的新型能力，从而为组织获取可持续竞争优势。

不符合、纠正措施和预防措施——组织应按照所形成的规定处理实际或潜在的不符合，并采取纠正措施或预防措施。规定应明确：评审不符合或潜在的不符合；确定不符合或潜在不符合的原因；评估采取措施的需求，确保不符合不重复发生或不会发生；制定和实施所需要的适宜措施；评审所采取的纠正措施或预防措施的有效性。

持续改进——组织应持续改进两化融合管理体系的适宜性、充分性和有效性；组织应考虑评估与诊断、监视与测量、审核、考核、管理评审等结果，确定并选择持续改进的需求和机会，采取适宜措施，推动数据、技术、业务流程、组织结构四要素互动创新和持续优化，不断打造信息环境下的新型能力，稳定获取与组织战略相匹配的可持续竞争优势。

第三节　两化融合评估诊断和对标引导

两化融合评估诊断和对标引导是两化融合管理体系建立的基础，又为企业的两化融合提供发展方向，企业在建立两化融合管理体系过程中，以评估诊断对标为抓手，发现问题、找准方向。

（1）两化融合评估诊断和对标引导工作背景。

1）两化融合评估诊断和对标引导：理论依据。

经过"实践－理论－实践"多轮次循环，起草《工业企业信息化和工业化融合评估规范》（国家标准 GB/T 23020，简称《评估规范》），于 2013 年 9 月正式发布。《评估规范》是中国针对两化融合的首个体系类国家标准，它在全面剖析中国大量先进企业典型案例的基础上，提出了企业两化融合的概念和体系框架；全面解析了企业两化融合的内涵、要素和关键环节，是企业实施两化融合、研究制定战略发展规划的建设指南，为企业展示了两化融合全景图。

2）两化融合评估诊断和对标引导工作的主要历程。

自 2009 年起，在工信部的指导和支持下，工信部电子一所联合地方省市、行业协会等探索形成了一套企业两化融合评估体系，引导企业开展两化融合自评估、自诊断、自对标，找准两化融合发展重点、路径和方向，支持政府和行业全面摸清企业两化融合发展现状，形成基于数据的精准施策和精准服务新模式，促进企业新型能力培育及产业转型升级和创新发展。

2009 年开始初步探索评估体系建设，经历了区域试点、行业试点、国家标准、全面推广、国际标准立项、持续推进等历程。

·行业试点：2009 年、2010 年、2012 年，连续三次组织开展行业企业两化融合评估工作。

·国家标准：2013 年 9 月，正式发布《工业企业信息化和工业化融合评估规范》（国家标准 GB/T23020）。

·区域试点：2013 年，选择北京、河北、福建、山东、湖南、宁夏 6 个地方省市开展试点工作。

·全面推广：2016 年，发布《工业和信息化部办公厅关于持续开展企业两化融合评估诊断和对标引导工作的通知》（工信厅信软函（2016）269 号），在全国范围推广两化融合评估诊断和对标引导工作。

·国际标准立项：2017 年，《工业企业信息化和工业化融合评估规范》相关部分已分别于 ISO、ITU 完成国际标准立项。

·持续推进：2018 年，发布《工业和信息化部办公厅关于进一步加强企业两化融合评估诊断和对标引导工作的通知》，工信厅信软函（2018）226 号。

（2）两化融合评估诊断和对标引导解决方案。

1）两化融合评估诊断和对标引导解决方案包括评估框架、评估指标体系、企业评估问卷及评分方法、诊断和对标模型。

2）两化融合评估诊断和对标引导解决方案——评估框架。评估框架可以概括为六个视角、三条主线和四个阶段。

六个视角：基础建设、单项应用、综合集成、协同与创新、竞争力、经济和社会效益。

企业两化融合评估框架包括水平与能力评估、效能与效益评估两个部分。其中，水平与能力评估包括基础建设、单项应用、综合集成、协同与创新；效能与效益评估包括竞争力、经济和社会效益。

·基础建设：评估企业两化融合基础设施和条件建设情况。

·单项应用：评估信息技术在企业部门级单一业务环节中的应用情况。

·综合集成：评估企业跨部门、跨业务环节的业务综合和集成情况。

·协同与创新：评估跨企业的业务协同和创新情况。

·竞争力：评估与两化融合紧密相关的企业竞争能力。

·经济和社会效益：评估企业经济和社会效益水平。

三条主线：产品、企业管理、价值链三个维度。

单项应用、综合集成、协同与创新三个一级指标的评估内容主要从产品、企业管理、价值链三个维度展开。

·单项应用：产品维度——产品设计、工艺设计、生产制造+生产管理；价值链维度——采购管理、销售管理；企业管理维度——人力资源管理、财务管理、办公管理、安全管理、项目管理、能源与环保、设备管理、质量和计量。

·综合集成：产品维度——产品设计与制造集成；价值链维度——产供销集成；企业管理维度——管理与控制集成、财务与业务集成、决策支持。

·协同与创新：产品维度——产品协同创新和绿色发展；价值链维度——产业链协同；企业管理维度——企业集团管控。

四个阶段：企业两化融合可以划分为四个阶段：起步建设阶段、单项覆盖阶段、集成提升阶段和创新突破阶段，可共同表征企业两化融合不断跃升的阶段特征和内涵。

·起步建设阶段：两化融合基础设施和条件，具备一定条件，各单项应用尚未开始，刚刚起步。

·单项覆盖阶段：企业具备了一定的两化融合基础设施和条件，单项应用对企业业务覆盖和渗透逐渐加强，发挥了一定作用，但其综合集成尚未有效实现。

·集成提升阶段：企业基础建设水平进一步提高，单项应用基本成熟，综合集成有效实现，但其协同与创新尚未开展。

·创新突破阶段：企业基础建设趋于完备，单项应用和综合集成成熟且协同与创新得到有效实现。

3）两化融合评估诊断和对标引导解决方案——指标体系。

两化融合评估指标体系构建按照《评估规范》展开，依据评估内容的逐层细化逐级设立对应的评估指标，通过多轮次迭代，构建完成评估指标体系的设计。

两化融合评估指标体系构建的构建步骤：

·明确评估内容——综合生产类型特征选择、修订、补充各级评估内容。

·设置评估指标——依据修订后的各级评估内容设置对应各级表征性评估指标。

·自顶向下调整补充——结合生产类型特色和专家知识经验自顶向下对各级进行调整、补充。

·自底向上校验优化——自底向上依次对评估指标体系各级进行优化，删除重复项等。

两化融合评估指标体系的构建原则：

·提高评估内容表征性——评估指标体系充分反映企业两化融合的内涵、特征和需求，且下级指标能够较好地支撑和反映其上级指标内涵。

·共性与个性结合——评估指标体系一级指标基于统一框架设计，二三级指标、采集项按照标准相应评估内容设定。

·提高实操性——指标体系在满足需求的前提下尽量简化直观。

基于企业两化融合评估框架，工信部两化融合管理体系联合工作组面向不同类型企业差异化设计了两化融合评估指标体系。包括一级指标 6 项，分别是基础建设、单项应用、综合集成、协同与创新、竞争力、经济和社会效益；二级指标：30 项；三级指标：近 80 项；四级指标：近 160 项。详见自评估问卷。

4）两化融合评估诊断和对标引导解决方案——评估问卷。

在统一的评估框架下，工信部两化融合管理体系联合工作组制定了覆盖国民经济三次产业、100多个细分行业的16套评估指标体系，面向集团型企业形成财务管控、战略管控、经营管控的3套集团管控型评估指标体系；依据每套评估指标体系制定了相应的评估问卷。

面向三大产业的评估问卷共计覆盖100多个细分行业。

对于制造业企业，根据生产类型不同，分为流程型制造、混合型制造、离散型（包括大批量、中小批量、复杂单件）制造共计五套评估问卷。

5）两化融合评估诊断和对标引导解决方案——评分方法。

基于评估数据进行采集项评分和逐级的指标评分，给出每个企业区间为【0 – 100】的两化融合发展水平得分。

6）两化融合评估诊断和对标引导解决方案——诊断和对标。

在两化融合管理体系贯标工作中，贯标咨询团队将辅导企业完成自评估报告，并实现精准对标。其中，企业自评估报告是基于全国企业评估数据为参评企业反馈全国及同行业的对标情况做出的。完成自评估报告的企业，可以通过自评估的情况照照镜子，了解自身在两化融合的发展位置。而企业精准对标则是帮助参评企业限定对标企业范围，实现参评企业与目标企业的精准对标。

诊断模型举例：

以阶段水平的诊断模型为例，诊断工作将综合考虑企业基础建设、单项应用、综合集成、协同与创新四个方面水平，基于K-means聚类方法，给每个企业的两化融合发展进程划分一个阶段：

起步建设（初级）阶段、单项覆盖（中级）阶段、集成提升（高级）阶段、创新突破（卓越）阶段。

（3）两化融合评估诊断和对标引导推广应用。

1）两化融合评估诊断和对标引导推广应用工具——测评服务系统.

依托两化融合评估服务平台，工信部两化融合管理体系联合工作组将全套解决方案嵌入互联网平台中，为全国31个省市、重点行业组织和央企集团等分别部署评估服务分平台，支持各方主体在线协同工作，实现评估服务区域、行业全覆盖。

两化融合评估服务平台为各方主体提供从评估指标制定、问卷自动生成到评估数据采集、自动评分、数据分析、诊断报告和综合成果展示的全流程支撑服务。

两化融合评估服务平台可为企业提供评估诊断服务，为参评企业自动生成和反馈自评估报告，提供参评企业与全国及同行业对标分析结果等第一手数据信息。

2）两化融合评估诊断和对标引导推广应用工具——决策支持系统。

为加强评估数据的开发利用和深度挖掘，基于成熟的数据分析软件和报表工具设计开发两化融合决策支持系统，两化融合评估服务平台提供评估数据管理到数据产品形成的全周期服务，为各级政府、行业、企业工作提供信息化工具。

数据全周期服务涵盖如下环节：

· 数据采集：周期性大范围采集、企业不定期填报。

· 数据存储：评估数据按天同步备份。

· 数据清洗：异常值甄别与剔除、缺失值插补、题目逻辑处理。

·样本处理：全样本，去除重复样本及长期不更新的样本，定期封存；抽样：设定抽样规则、确定样本容量、样本库管理。

·数据分析：描述统计分析、相关分析、关联分析、聚类分析。

·数据产品：指数、关键指标、阶段划分、双因素或多因素关系判别。

两化融合决策支持系统主要功能包括数据清洗、数据存储及样本管理、抽样管理、可视化报表展示等。

3）两化融合评估诊断和对标引导推广应用工具——两化融合数据云图。

两化融合数据云图以互联网工具为载体，形成两化融合发展水平监测体系，逐步构建起以数据为核心的精准服务新模式。

4）两化融合评估诊断和对标引导推广应用总体情况。

两化融合评估诊断和对标引导工作的价值日益凸显，带动参评企业数量迅猛增长，全国已有10万余家企业参与自评估、自诊断、自对标，样本企业行业分布、规模分布、区域分布与全国规模以上工业企业分布情况基本一致，具有良好的代表性。如图3-10所示。

政府精准施策——国家层面：相关测算结果纳入制造强国《关于深化制造业与互联网融合发展的指导意见》等文件的重要指标；地方层面：北京、山西、内蒙古、山东、江苏、福建、广东、宁夏、贵州等省市周期性的开展两化融合自评估、自诊断。

行业精准引导——冶金、石化、建材、机械、交通设备制造、电子、纺织、轻工业、食品、医药、烟草等行业持续开展两

图 3-10 参评企业数量

（数据来源：微信号——企业数字化转型生态圈）

化融合水平评估。

企业精准决策——中国中车、中航工业、中国石化、中国兵器、中国兵装等央企与龙头企业积极推动两化融合评估工作，结合自身特色建设两化融合评估体系。

市场精准服务——联合华为、埃森哲、腾讯、用友、信息化百人会，基于两化融合评估数据，围绕信息时代产业转型升级与变革发展，开展一系列富有成效的研究。诸多咨询服务机构结合两化融合水平评估，为客户企业开展全流程精准服务。

5）两化融合评估诊断和对标引导价值成效——政府精准决策。

两化融合评估诊断和对标引导工作推动了各级政府形成以数据为核心的精准施策模式，帮助地区摸清整体发展现状，实现区域水平全面检验、目标地区水平对标；找准政策着力方向，将两化融合关键指标列入战略规划目标指标，进入政府绩效考核；合理确定地区发展目标,将评估诊断分析结果作为重要的参考依据,确定重大工程建设和项目资金分配;帮助地区做好规划制定,作为数据依据、量化目标的重要基础。

两化融合评估诊断和对标引导工作有效地支撑制造强国,有利于实现制造业与互联网融合发展的指导意见有关量化目标测算和实现情况跟踪。通过两化融合评估诊断和对标引导工作,帮助制造强国相关文件中(2015年国务院28号文)界定了关键工序数控化率47.4%、数字化研发设计工具普及率66.4%;帮助制造业与互联网融合相关文件中(2016年国务院28号文)界定了重点行业骨干企业"双创"平台普及率、新产品研发周期(天)、工业云企业用户(万户)、库存资金周转率等指标。

两化融合评估诊断和对标引导工作也帮助建立了基于企业评估数据形成的分类数据地图及分类指数,为全国各级政府、行业、企业分业施策提供新手段、新方法。

综合指数包括两化融合发展水平、中国制造信息化指数、企业+互联网指数、智能制造就绪率、企业上云指数等。

新四基包括生产装备数控化率、工业软件普及率、工业互联网连接水平、云平台渗透率等。

新模式包括网络化协同研制水平、大规模个性化定制水平、服务型制造水平等。

6)两化融合评估诊断和对标引导价值成效——行业精准引导。

两化融合评估诊断和对标引导工作帮助政府找准行业共性问题,精准引导行业服务方向。

找准关键共性问题——摸清现状(发展水平、发展阶段、关键环节情况)、分析指标变化趋势(挖掘、分析数据)、找准关键共性问题(形成行业整体解决方案)、组织力量共同攻关(软件、咨询、设备等力量共同攻关)。

引导行业服务方向——树立标杆企业、组织交流培训(企业对标、服务对接、行业交流)

基于评估数据,两化融合评估诊断和对标引导工作帮助政府测算全国重点行业两化融合发展水平,明确行业发展现状、重点、成效、特征及趋势;展现重点行业两化融合全景图,探索基于数据的分业施策新方式;依托全国性行业协会,基于两化融合水平评估,探索形成了跨越"综合集成"困境的行业系统解决方案。

7) 两化融合评估诊断和对标引导价值成效——市场精准服务。

通过深入挖掘评估数据价值,两化融合评估诊断和对标引导工作帮助企业对企业信息化环境下价值创造水平和能力进行全面体检和诊断,对市场服务能力进行全面梳理,引导供需双方实现精准匹配和有效对接。

对需求方——可以帮助完成企业综合画像,对企业在信息化环境下的价值创造水平和能力进行全面体检诊断,系统梳理企业转型发展需求,综合内外部数据构建企业综合画像。

对供给方——可以帮助市场综合画像,全面梳理服务商市场服务能力、综合内外部数据构建服务商综合画像。

工信部两化融合管理体系联合工作组与埃森哲、华为、腾讯研究院等多家知名咨询服务商开展数据的产业创新发展模式与路径研究。其中,有代表性的是与信息化百人会和华为公司共同完成《中国制造信息化指数》;与埃森哲共同研究的课题——发现新动能、中国制造业如何制胜数字经济,中国数字化指数,分析新时期企业数字化转型的现状、路径、成效和趋势等;与用友公司合作完成中国企业互联网化指数、中国企业上云指数;与腾讯公司合作完成数字经济作为中国创新增长新动能方面的研究。

8)两化融合评估诊断和对标引导价值成效——企业精准决策。

两化融合评估诊断和对标引导工作通过开展企业自评估、自诊断、自对标等,帮助企业明确水平提升的可行路径。

开展企业自我诊断——同行业标杆水平、企业自评估报告,定期开展自评估、自诊断、自对标,找准发展重点。

协助制定发展规划——评估诊断结果、输入发展规划、年度计划,明确发展重点,提高投资收益率。

提供改进可行路径——两化融合水平和定位,明确提升可行路径。

以中国中车为例,目前中国中车已经形成线上线下相结合的评估诊断模式,实现评估结果周期性跟踪监测。

(4)中国两化融合发展数据地图(2017)。

1)两化融合走向纵深发展,助推新旧动能接续转换。

没有度量就无法管理。依据《工业企业信息化和工业化融合评估规范》(GB/T23020-2013)国家标准,工信部两化融合管理体系联合工作组连续在全国各省市和国民经济各行业全面推广企业两化融合评估诊断和对标工作,截至2017年积累了75000余家企业两化融合发展的翔实数据,能够真实反映出各地区、行业、规模、性质、生产类型等不同类型企业的两化融合发展水平,客观描绘出中国两化融合发展全景图,形成基于数据的精准施策和精准服务新模式。基于这些一手数据,工作组深入挖掘和全面剖析了全国企业两化融合的发展现状、发展重点、价值成效、特征模式及发展趋势,形成了2017年中国两化融合发展数据地图。主要观点如下:

· 中国两化融合发展步入快车道。

整体看,2017年中国两化融合发展水平延续了近几年的增长态势,整体向更深层次、更高阶段演进。中国两化融合水平在实现中等水平跨越后持续强力迈进。中国企业两化融合向中高级阶段发展的基础不断夯实,"综合集成"跨越稳步推进。关键指标:从数字化、集成互联、智能协同等方面遴选10项关键指标,多维度量化中国两化融合发展情况,其中"数字化研发设计工具普及率""关键工序数控化率"已被制造强国有关文件采纳;

· 中国两化融合发展的结构性问题突出,大中型企业智能化发展基础逐步增强,小微企业数字化水平低是制约中国两化融合发展的主要掣肘。

各省市的两化融合发展由于战略导向、经济基础、产业结构、资源禀赋等不同,两化融合发展水平呈现出明显的梯级分布特征,城市是推动两化融合发展的核心力量,中国地市级以上的城市330多个,开展两化融合评估诊断和对标引导工作的企业覆盖了中国近300个主要城市。各省市两化融合发展阶梯特征明显,总体呈现出"沿海高、西南高、西北低、东北低"的态势。

· 行业:原材料、装备、消费品等行业所处产业链位置、行业结构、生产特征、发展需求各有不同,各行业两化融合发展具有鲜明的差异化特征。

原材料行业以强化制造环节的智能化水平为着力点,打造集约高效实时优化的生产新体系。装备制造行业以数字化研发工具的集成应用和基于产品的智能服务为突破口,提升产业价值链水平。消费品行业基于互联网构建用户需求的精准采集、快速传导和实时响应的新能力。

中央企业:近些年中央企业集团大力推进本企业信息技术与业务的全面融合,同时积极发挥影响力,与产业链上下游企业共同开展电子商务、平台资源开放共享、行业共性解决方案、产业链协同等方面的探索和实践,有效地带动了产业链上下游两化融合水平的协同提升。中央企业实现综合集成突破势头明显,在带动产业链上下游企业两化融合水平协同提升方面的辐射引领作用显著。

2)新模式、新业态为制造业转型升级注入新动能。

随着两化融合的不断加深与延展,网络化协同研制、服务型制造、个性化定制、平台化运营、智能制造等新模式、新业态不断涌现,为制造业转型升级不断注入新动能。

网络化协同研制——关键词:基于开放平台的协同创新;突破口:加强平台建设,加快组织模式变革。

服务型制造——关键词:价值链延伸与重构;突破口:提升售后服务环节信息化水平,以及产品全生命周期各环节集成度。

个性化定制——关键词:用户需求主导;突破口:实现用户需求的精准获取与定义,提升生产柔性及数据流动的自动化水平。

新时期,平台逐渐成为全球领先国家抢占产业主导权的必争之地,成为要素汇聚、资源整合、能力开发、创业孵化的重要载体。目前，中国的平台化运营正步入全面实施、快速迭代、自我完善的新阶段，基于平台的制造业新生态正逐渐形成。

平台化运营——关键词：资源汇聚、生态构建；突破口：加强数据采集与汇聚，构建平台运营机制。

智能制造——关键词：集成互联、数据驱动；突破口：夯实新型基础建设，提升企业综合集成水平。

3）从工业 4.0 评估视角看中国两化融合发展。

整体判断：中国两化融合与德国工业 4.0 在发展理念和评价体系等方面异曲同工。

分析框架：从工业 4.0 评估视角看中国两化融合发展可聚焦战略和组织（战略制定与执行、两化融合投入、组织管理创新）、智能工厂（基础设施设备、工厂数字建模、数据使用、IT 系统）、智能运营（共享与协同、自主流程、云使用、IT 安全）、产品和服务（智能产品、数据驱动型服务）四个方面。

总体情况：中国两化融合水平整体上对应工业 2.0 向工业 3.0 过渡阶段，重建设轻运营，软硬发展不均衡是制约中国两化融合发展的主要障碍。如图 3-11 所示。

战略和组织：中国企业推进两化融合应进一步从组织层面上升至战略层面。

·战略——两化融合正不断融入企业战略，但广大企业在战略制定、执行和闭环管控方面还存在较大不足。

·组织——两化融合引领企业组织模式柔性化和绩效管理精准化，信息化建设与战略管理、流程管理的一体化程度越来越高。

·赋权——两化融合对"人"提出了更高的要求，面向全员

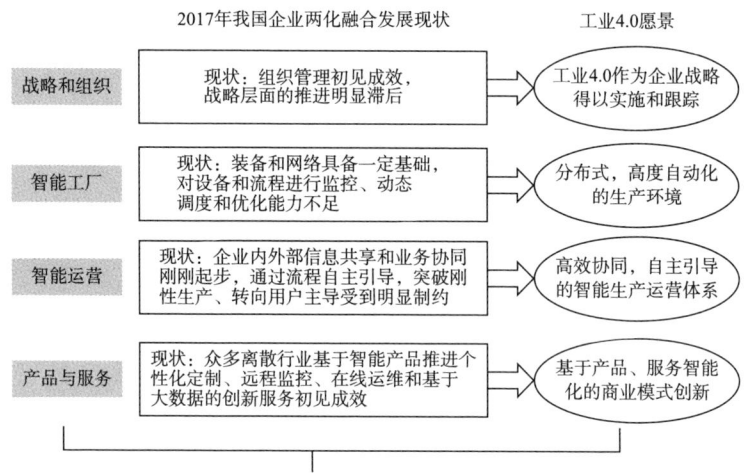

图3-11 中国两化融合水平整体上对应工业2.0向工业3.0过渡阶段
数据来源：微信号——企业数字化转型生态圈

的赋能赋权方式不断创新，亟须实现精准赋能和灵活赋权。

智能工厂：智能工厂建设亟须加强对设备运行和生产流程的全程监控、动态调度和跟踪优化。

· 设备设施——中国生产装备数字化和联网化已具备一定基础，但智能工厂建设基础整体尚未就绪。

· 工厂数字建模——生产过程控制及制造执行的数据缺失，严重制约了中国企业开展工厂数字建模。

· 信息系统——企业信息系统应用正向生产运营各环节全面拓展，个性化需求较高的生产控制类软件应用率亟待提升。

智能运营：中国企业实现智能运营亟须大力提升内部集成互联水平和生产运营柔性。

· 数据驱动的运营——中国企业内部数据互通和产业链信息共享不足，企业内部业务的全面集成是实现数据驱动的运营的关键所在。

·流程自主引导——分布式生产控制和柔性制造水平较低，制约了中国企业通过流程自主引导来突破刚性生产，转向用户主导。

产品和服务：互联网技术的快速传导和渗透带动了中国制造业产品和服务的大幅创新发展。

·产品——电子和交通设备制造行业是发展智能产品的主力军，基于智能产品的产品数据全生命周期管理有效提高了制造与服务的一体化水平。

·服务——产品的智能化是服务模式创新的催化剂，基于智能产品的在线服务呈现新亮点。

4) 两化融合绩效产出逐步扩大。

微观层面企业：近些年，两化融合绩效产出逐步扩大。企业持续推进两化融合，可有效提高产品全生命周期管控、供应链集成运作、生产管控集成水平，提升企业创新活力、资源配置水平及业务效率，对提高企业核心竞争力及经济社会效益有显著作用。

投入——中国两化融合投入水平与世界发达国家水平尚有较大差距。2017 年中国信息化投入占销售收入的 0.25%，而国外企业 IT 投入一般为营业额的 1%。

产出——企业突破综合集成后能够实现两化融合效能效益从量变到质变的飞跃，两化融合绩效产出平均提升 10% 以上。

投入&产出——随着两化融合水平的提升，企业更加重视两化融合的投入，产出呈现逐步扩大的趋势。

微观层面上市企业：2017 年，中国上市企业两化融合发展已集中进入了由集成提升向创新突破过渡的阶段，两化深度融合是上市企业实现长远可持续发展的必由之路。

中观层面产业：要素生产率，即生产活动在一定时间内的效率，体现了人力、物力、财力等开发利用的综合效率，其来源可以包括效率改善、技术进步、规模效应等。数据分析显示：两化融合有效驱动了中国重点行业全要素生产率整体提升。

宏观层面经济：目前，中国经济发展进入新常态，经济从高速增长转入中高速，经济发展方式正从规模速度型的粗放增长转向质量效率型的集约增长。大力推进两化深度融合，对新常态下推动中国经济转型升级、重塑国际竞争新优势具有重大战略意义。

产业结构——两化融合引导中国企业围绕价值链两端的研发与服务，开展广泛丰富的价值创造活动，带动了中国产业结构的持续优化。

经济质量——两化融合有效推动技术进步、提高生产效率、促进中国经济发展提质生效。

5）展望。

2017年，中国两化融合发展在实现中等水平跨越后继续强力迈进，整体向更高层次、更高阶段演进，两化融合绩效产出逐渐扩大，互联网＋、智能制造等当前推进的重点领域取得了突破性的进展，两化融合对产业、经济、社会等均将产生日益深远的影响。

理论：新工业革命背景下的产业发展理论正在孕育，两化融合生态系统逐步清晰。

经济：两化融合促进供给侧结构性改革的作用正日趋彰显，数字经济转型步伐加快将带动两化深度融合发展步入新纪元。

社会：劳动就业市场结构性变革步伐加快，应对两化融合发展的人才培育策略要远近结合，就业平稳有序应从需求和供给量测精准发力。

生态：两化融合促进工业互联网平台蓬勃发展，加快产业链重构。

第四节　两化融合管理体系的实施重点

两化融合管理体系的实施重点有哪些？

一、两化融合管理体系国家标准的相互配套使用关系

GB/T23000－2017《信息化和工业化融合管理体系 基础和术语》，确立理论基础，为系列标准提供理论基础。

GB/T23001－2017《信息化和工业化融合管理体系 要求》，规定通用要求，是企业两化融合管理机制的构建依据。

配套标准一：企业实施。GB/T23002－2017《信息化和工业化融合管理体系实施指南》，提供企业实施的指导方法和建议。

配套标准二：第三方评定服务。GB/T23003－2018《信息化和工业化融合管理体系评定指南》，为评定服务提供总体指导。

配套标准三：水平评价。GB/T23020－2013《信息化和工业化融合管理体系评估规范》，指导两化融合水平评价。

二、GB/T23001-2017《信息化和工业化融合管理体系 要求》与 GB/T23020-2013《信息化和工业化融合管理体系评估规范》之间的关系

GB/T23001-2017《信息化和工业化融合管理体系 要求》与 GB/T23020-2013 同属于两化融合系列标准所体现的两化融合内涵本质相同,包括理念、原则、要素。

《信息化和工业化融合管理体系 要求》可为组织系统有效地推进两化融合提供管理方法和手段。9.2 评估与诊断部分明确地将 GB/T23020-2013 作为其方法和依据开展组织的两化融合评估与诊断。

GB/T23020-2013 为组织评判其两化融合现状、重点、方向和成效提供系统分析方法,可帮助组织评估两化融合管理体系的有效性及改进的机会。

三、两化融合管理体系与组织现有运行机制之间的关系

两化融合管理体系覆盖组织全员、全要素、全过程、全方位。

组织应修订和完善现有与工业化以及信息化相关的制度,以适应信息时代融合创新的发展需求。

组织应变革现有制度,尤其是制度之间的关系,破除工业化职能分工体系壁垒,形成以用户为中心的价值网络。

组织应因时因地制宜地制定新制度,创建并完善信息时代系统化、体系化的现代管理和运行机制。

四、关于两化融合管理体系标准换版工作的几点考虑

试行版标准：《信息化和工业化融合管理体系 要求》（工信部 2014 年第 3 号公告）转换到正式版《信息化和工业化融合管理体系 要求》（GB/T23001－2017）。

转换期：2017 年 5 月 22 日—2019 年 5 月 22 日。

评定人员要求：转换期内，所有评定人员均须通过评定工作委员会按照正式版国家标准组织的专业考试。

评定工作换版安排：转换期内，所有获证企业均须依据正式版国家标准完成换版审核和证书转换。

五、企业应用实施 GB/T 23001－2017 的总体步骤

步骤一：对照 GB/T 23001－2017 进行管理现状调研与差距分析。

步骤二：按 GB/T 23001－2017 的要求建立企业个性化的两化融合推进机制。

步骤三：按照企业建立的两化融合推进机制建设信息化环境下的新型能力。

步骤四：开展两化融合管理体系第三方评定服务。

步骤五：按照 GB/T 23001－2017 持续建设新型能力体系。

六、企业应用实施 GB/T 23001-2017 的主要环节

阶段一：贯标启动。组建企业贯标工作组织体系；聘请贯标咨询服务机构；召开贯标工作启动会；制定贯标工作实施方案；制定贯标培训计划。

阶段二：现状调研及诊断。调研两化融合基本情况，评估两化融合水平，分析两化融合管理体系差距。

阶段三：管理体系分析策划。组建两化融合组织体系；确定两化融合方针；策划贯标范围与边界；策划体系文件。

阶段四：文件编写及发布。编写体系文件；评审修订体系文件；审批发布体系文件。

阶段五：体系试运行。制定并发布试运行方案；识别和确定新型能力；确定新型能力目标；策划两化融合实施方案；确定内外部支持条件和资源；两化融合实施与运行；评估与诊断；监视与测量；考核。

阶段六：内部审核和管理评审。内部审核；管理评审；评价和优化调整体系文件；纠正与预防措施。

阶段七：体系评定。符合性审核；评定准备；评估审核及问题整改。

阶段八：体系保持与改进。获证后的体系保持；获证后的体系持续改进。

第五节　两化融合国家标准的试行与修订完善

两化融合国家标准的试行与修订主要包括哪些内容?

一、两化融合国家标准的试行

(1) 背景

2013年8月，工信部印发《信息化和工业化深度融合专项行动计划（2013－2018年）》，提出"企业两化融合管理体系标准建设和推广行动"。

2014年1月，工信部印发《信息化和工业化融合管理体系要求（试行）》，明确了引导企业强化变革管理、系统推进两化融合的通用管理方法。

(2) 试点推广

2015年11月，工信部印发《关于贯彻落实〈国务院关于积极推进"互联网＋"行动的指导意见〉的行动计划（2015－2018年）》，将"两化融合管理体系标准建设推广行动"列为首要行动，提出到2018年形成一套完善的两化融合管理体系基础标准，10000余家企业开展两化融合管理体系贯标，1500余家企业通过两化融合管理体系评定。

2014－2016年，全国范围内近3500余家企业开展两化融合管理体系贯标，近500家企业通过两化融合管理体系评定。

二、两化融合国家标准的修订完善

修订完善：

2016年上半年，按照"互联网+"行动计划工作部署，结合近两年贯标评定实践对两化融合管理体系标准进行修订完善和征求意见。

形成了《信息化和工业化融合管理体系 基础和术语》和《信息化和工业化融合管理体系 要求》，于2017年下半年正式获得标准号GB/T 23001-2017，目前已正式发布与应用，同时，已提交ISO进入国际标准报批程序。

三、修订前后的内容差异

（1）更加明确了可持续竞争优势识别与确定的方法，更加明确了新型能力及其实施方案的逻辑关系，使得战略循环脉络清晰。

1）GB/T 23001-2017版标准更加注重方法和过程的管理，如图3-12所示。

2）更加关注新型能力的识别及策划过程，如图3-13所示。

3）新型能力的获取路径更加清晰，逻辑性更强。

在新版标准中，明确新型能力的获取路径，由旧版的"基础保障、实施过程、评测与改进、管理职责"变更为"策划、支持实施与运行、评测、改进"，使PDCA的过程方法更直观，如图3-14所示。

（2）新增六大导向，明确企业建设两化融合管理体系的目

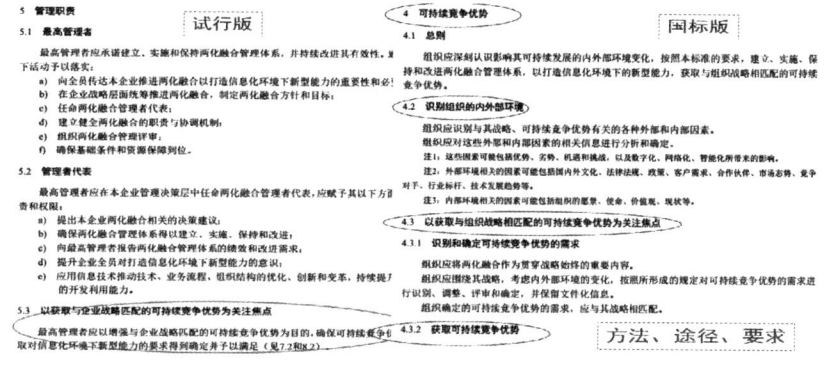

图 3-12　更加注重方法和过程的管理

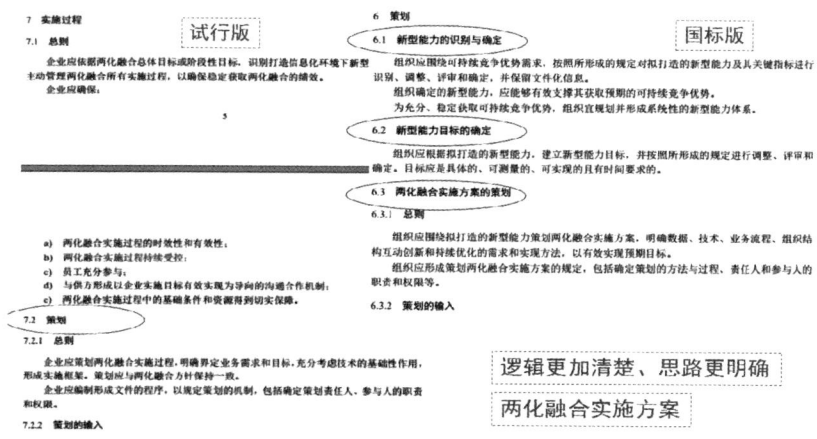

图 3-13　更加关注新型能力的识别及策划过程

标、重点及价值。

在新标准中，对以下内容分别进行了强化、简化、规范化，如图 3-15 所示。

强化：四个融合、六个导向、三个循环、突出策划。

简化：文件、记录、运行维护、动态调整。

规范化：四个管理域、最高管理者、管理者代表职能层级。

（3）更加关注数据开发利用，强调数据开发 PDCA 循环，如

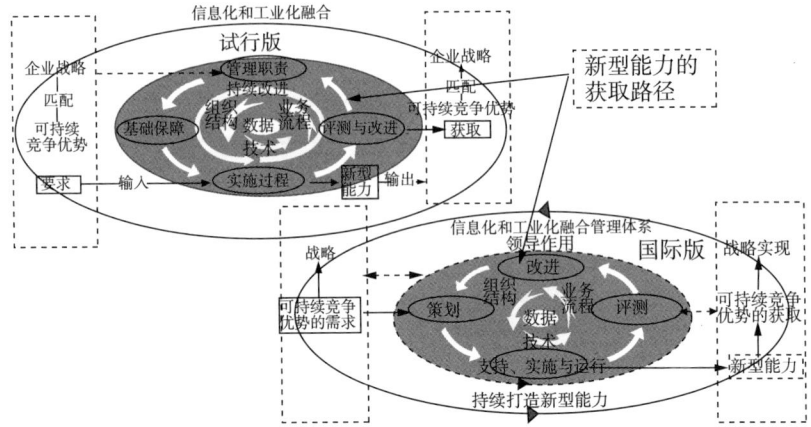

图 3-14 新型能力的获取路径

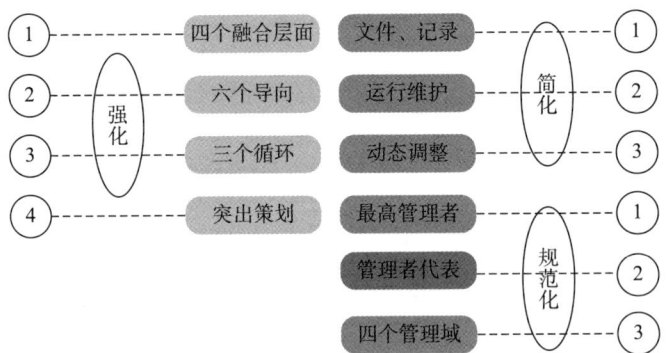

图 3-15 两化融合管理体系的目标、重点及价值

图 3-16 所示。

（4）管理职责从循环中剥离、PDCA 循环更加清晰，领导作用更加凸显。

（5）新增文件化信息，替换原有文件和记录，使得体系兼容性更强，如图 3-17 所示。

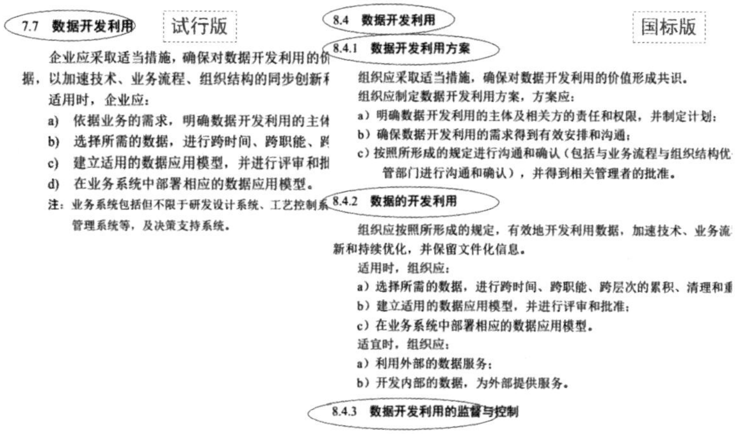

试行版

7.7 数据开发利用

企业应采取适当措施，确保对数据开发利用的价
据，以加速技术、业务流程、组织结构的同步创新和
适用时，企业应：
a) 依据业务的需求，明确数据开发利用的主体
b) 选择所需的数据，进行跨时间、跨职能、跨
c) 建立适用的数据应用模型，并进行评审和批
d) 在业务系统中部署相应的数据应用模型。
注：业务系统包括但不限于研发设计系统、工艺控制系
管理系统等，及决策支持系统。

国标版

8.4 数据开发利用
8.4.1 数据开发利用方案

组织应采取适当措施，确保对数据开发利用的价值形成共识。
组织应制定数据开发利用方案，方案应：
a）明确数据开发利用的主体及相关方的责任和权限，并制定计划；
b）确保数据开发利用的需求得到有效安排和沟通；
c）按照所形成的规定进行沟通和确认（包括与业务流程与组织结构优
管部门进行沟通和确认），并得到相关管理者的批准。

8.4.2 数据的开发利用

组织应按照所形成的规定，有效地开发利用数据，加速技术、业务流
新和持续优化，并保留文件化信息。
适用时，组织应：
a）选择所需的数据，进行跨时间、跨职能、跨层次的累积、清理和重
b）建立适用的数据应用模型，并进行评审和批准；
c）在业务系统中部署相应的数据应用模型。
适宜时，组织应：
a）利用外部的数据服务；
b）开发内部的数据，为外部提供服务。

8.4.3 数据开发利用的监督与控制

图 3-16　更加关注数据开发利用

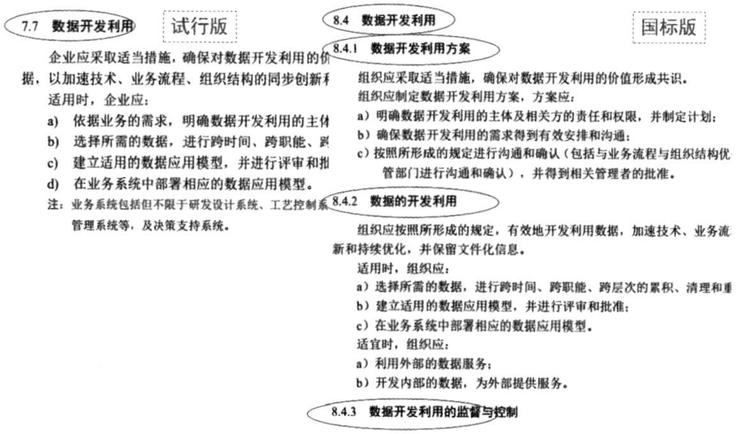

试行版

7.7 数据开发利用

企业应采取适当措施，确保对数据开发利用的价
据，以加速技术、业务流程、组织结构的同步创新和
适用时，企业应：
a) 依据业务的需求，明确数据开发利用的主体
b) 选择所需的数据，进行跨时间、跨职能、跨
c) 建立适用的数据应用模型，并进行评审和批
d) 在业务系统中部署相应的数据应用模型。
注：业务系统包括但不限于研发设计系统、工艺控制系
管理系统等，及决策支持系统。

国标版

8.4 数据开发利用
8.4.1 数据开发利用方案

组织应采取适当措施，确保对数据开发利用的价值形成共识。
组织应制定数据开发利用方案，方案应：
a）明确数据开发利用的主体及相关方的责任和权限，并制定计划；
b）确保数据开发利用的需求得到有效安排和沟通；
c）按照所形成的规定进行沟通和确认（包括与业务流程与组织结构优
管部门进行沟通和确认），并得到相关管理者的批准。

8.4.2 数据的开发利用

组织应按照所形成的规定，有效地开发利用数据，加速技术、业务流
新和持续优化，并保留文件化信息。
适用时，组织应：
a）选择所需的数据，进行跨时间、跨职能、跨层次的累积、清理和重
b）建立适用的数据应用模型，并进行评审和批准；
c）在业务系统中部署相应的数据应用模型。
适宜时，组织应：
a）利用外部的数据服务；
b）开发内部的数据，为外部提供服务。

8.4.3 数据开发利用的监督与控制

图 3-17　新增文件化信息

第六节　与常见管理体系的比较分析

两化融合整理体系与其他管理体系有何区别?

一、什么是管理体系

管理体系是指用于确保一个组织能够履行实现其特定目标所需的所有任务的过程和程序的框架；管理体系针对特定管理目标对组织的相关人员、部门、活动和过程提出系统性的、普适性的通用管理要求，涉及管理理念、原则、要素、机制和方法等。

组织可依据管理体系的要求和方法，结合自身的需求和特点，构建适合自身的相应管理体系。管理体系有助于组织有效地建立、实施、保持和改进其内部管理机制，系统、全面地提升组织管理绩效。

常见的管理体系如下：

ISO9000 质量管理体系：组织内部建立的、为实现质量目标所必需的系统的管理模式，旨在提高工作效率和产品合格率，满足顾客规定的需求；提出了 8 项质量管理原则，以及 4 大项、23 个子项的管理要求；以 ISO9000 为代表的管理体系认证对于规范企业管理过程、促进产业发展发挥了重要作用；建立企业的质量保障能力。

ISO27000 信息安全管理体系；ISO14000 环境管理体系；OHSMS 职业健康安全管理体系；ISO/IEC38500 COBIT 建立 IT 治理能力；ISO/IEC20000GB/T2887.1 - 2012，IT 服务能力；ISO27001 信息安全保障能力；CMMI - SW，软件开发能力；ISO50001 能源绩效提升能力；ISO14001 环境绩效改进能力。

二、两化融合管理体系与其他管理体系之间的关系

两化融合管理体系与其他管理体系都遵循 PDCA 方法,使系统提升过程有效性的管理方法论,但在各自的内涵和目标等方面有本质差异。

(1) 在范围和目标方面:

两化融合管理体系的管理对象和管理内容覆盖了组织的全部活动;两化融合管理体系拟探索推动工业化向信息化演进的新管理规律、管理方法和管理机制;目标在于通过两化融合不断形成组织所需要的新型能力,为组织获取可持续竞争优势。

其他管理体系的应用范围都侧重在质量、环境、职业健康安全、信息安全、能源等某一专业领域,其管理对象相对固定。目标在于规范特定专业领域的管理,以提升相关活动的可靠性和稳定性。

(2) 在实现途径方面:

两化融合管理体系及过程需要强调其动态性,管理对象和管理内容随着组织的战略调整和内外部环境变化而动态改变;充分考虑了与其他管理体系的相容性,可为组织开展多体系融合提供支持。

其他管理体系达成管理目标的途径主要强调管理活动和过程的规范化。

以两化融合管理体系和质量管理体系为例做一对比,如表 3-2 所示。

表3-2 两化融合管理体系和质量管理体系对比

两化融合管理体系		质量管理体系
管理对象和管理内容覆盖了组织的全部活动 两化融合管理体系拟探索推动工业化向信息化演进的新管理规律、管理方法和管理机制 目标在于通过两化融合不断形成组织需要的新型能力,为组织获取可持续竞争优势	范围、目标	质量管理体系的应用范围都侧重于某一专业领域,其管理对象相对固定 目标在于规范特定专业领域的管理,以提升相关活动的可靠性和稳定性
两化融合管理体系及过程需要强调其动态性,管理对象和管理内容随着组织的战略调整和内外部环境变化而动态改变 充分考虑了与其他管理体系的相容性,可为组织开展多体系融合提供支持	实现途径	质量管理体系达成管理目标的途径主要强调管理活动和过程的规范化。
以获取企业可持续竞争优势为关注焦点	关注焦点	以顾客为关注焦点
战略-可持续竞争优势-信息化环境下的新型能力	核心	生产过程的质量控制
全员参与、全员考核	参与部门	与质量保证相关的生产部门
提升企业经营效率,增加企业经济效益	最终目的	提高企业产品质量,提升顾客满意度
以新型能力的打造过程为审核的重点,现场审核为主,看过程也看结果	评定过程	以文件审核为主,小范围访谈

本章小结

观点：

（1）两化融合管理体系标准体系是中国两化融合领域首个自主研制，且大范围应用推广的管理体系类标准，是中国两化融合领域首个正向国际输出的管理体系类标准。

（2）两化融合管理体系包含一个目标、两个概念、三个循环和三个维度、四个核心要素、五项基础保障、六种导向和评测改进方法、七个实施过程、八个体系建设步骤、九项基本原则。

（3）两化融合管理体系的基本框架主要解决往哪走、做什么、怎么做的问题。

（4）两化融合评估诊断和对标引导以评估诊断对标为抓手，发现问题、找准方向，是两化融合管理体系落地的重要抓手。

（5）两化融合管理体系实施重点要理清楚四大关系、五大步骤、八大环节。

（6）两化融合管理体系与其他管理体系都遵循 PDCA 方法，使系统提升过程有效性的管理方法论，但在各自的内涵和目标等方面有本质差异。

复习思考题

（1）两化融合管理体系的主要内容有哪些？

(2) 如何理解两化融合管理体系的基本框架?

(3) 如何做好两化融合评估诊断和对标引导?

(4) 两化融合管理体系实施过程中如何理解四大关系?

(5) 企业如何处理两化融合管理体系和其他管理体系之间的关系?

两化融合管理体系贯标流程与方法

第二部分
两化融合管理体系贯标过程

第四章
两化融合管理体系贯标过程指南

第一节　两化融合管理体系贯标过程综述

两化融合管理体系的贯标过程是怎样的？

一、两化融合管理体系贯标项目目标

为了确保通过工信部两化融合管理体系贯标评定，并确保贯标不走形式，落到实处，实质性支撑两化融合创新工作的成效，需要确保贯标工作实现以下目标：

（1）推广并提升对两化深度融合的认识：认识到企业战略及对未来可持续竞争优势的需要，认识到信息化、"互联网＋"环境下企业所需要的新型能力。借助贯标机会，对主要创新部门、生产运营和自动化部门开展两化融合相关培训，提升各环节的认识水平。积极争取两化融合及智能制造、中国制造2025、"互联网＋"制造业各项专项资金的支持。

（2）建立有效的两化融合管理体系：在现状调研的基础上，

策划并建立企业两化融合管理体系。明确企业两化融合的范围与边界、两化融合的方针与目标，策划并建立两化融合管理体系，编写并协助审核通过两化融合管理手册，重点针对两化融合的优秀做法，协助相关业务环节形成两化融合管理体系文件化信息控制程序、作业文件等相关文档资料。

（3）两化融合总体规划、实施策划：根据企业两化融合管理体系的目标要求，制定与公司两化融合方针与目标匹配的两化融合总体规划方案、技术方案、进度安排、实施方案等，确保企业战略落地、两化融合工作有序展开。

（4）完成两化融合管理体系的试运行：根据企业两化融合的发展目标，结合两化融合新型能力的打造过程，组织两化融合管理体系的试运行，并通过内部审核、管理评审、预防与纠正措施，确保两化融合管理体系的有效落地。

（5）对新型能力的打造成果进行监测与考评：根据贯标要求及明确的两化融合方针与目标，对相关的新型能力的打造效果进行测评和考核，确保达到贯标形成的短期的两化融合目标考核要求。

（6）确保通过两化融合管理体系的评定：通过与咨询机构、评定机构的沟通与协作，确保本次贯标结果通过工信部两化融合管理体系评定。

二、两化融合管理体系贯标过程介绍

为确保企业将两化融合管理体系实质落地，做到本质贯标，我们以工信部《信息化与工业化融合管理体系 要求》（GB/

T23001-2017)为基础,将整体贯标周期方案概述为:4大阶段与14项任务,并且4大阶段及14项任务的顺序开展、螺旋提升不可颠倒,详情如图4-1所示。

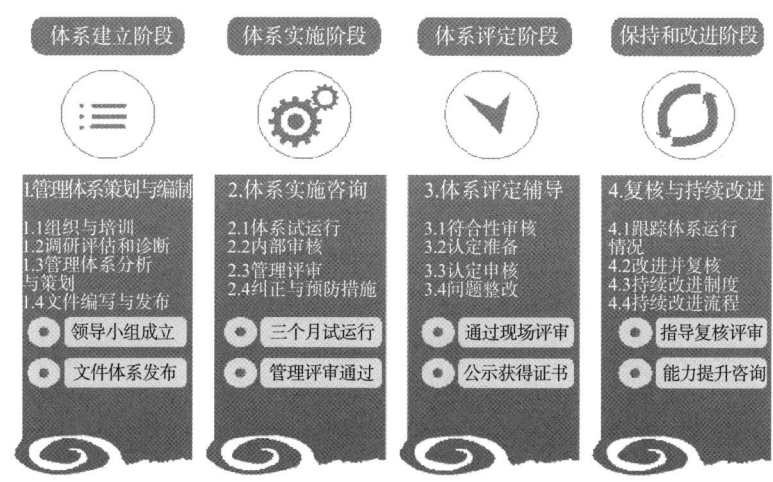

图4-1 两化融合管理体系贯标过程

三、必要的资源和可能的风险

企业在开展两化融合管理体系贯标工作的时候,考虑到企业所处的行业不同、发展阶段不同,甚至地域不同等情况,不同企业所需要准备的资源和可能遇到的风险也不同。

(1) 为了确保贯标成功,企业需要准备的资源包括但不限于如下几种:

1) 企业做两化融合管理体系贯标的动力。

有的企业贯标动力来源于企业本身发展战略的需要,比如中联重科,将两化融合管理体系贯标看作是企业战略落地的良好时机，认认真真地讨论企业未来的核心竞争优势和新型能力，认认真真讨论承载新型能力的项目，扎扎实实把组织结构、业务流程、技术和数据四个要素的价值发挥出来，于是贯标真正成为企业进步的抓手，做到本质贯标。有的企业贯标动力来源于地方政府机构的推动，被动贯标，只是因为地方政府有补贴，其效果自然会打折扣。最浮于表面的动力来源于"花几万元买一纸证明"，纯粹为了拿证。这三类动力自然会带来不同的贯标效果。

2）稳定的贯标领导小组和工作小组。

在近几年帮助企业完成贯标咨询的过程中，有几家企业中途因为各种原因更换了管理者代表，结果使贯标咨询工作很被动。贯标领导小组和工作小组的核心成员变动，使得贯标咨询工作前后衔接出现问题，以至于在评定过程中，与评定机构的沟通出现了重大失误，差点前功尽弃。

3）清晰的战略阐述。

在贯标咨询的策划过程中，项目团队经常会遇到一个问题：企业缺乏清晰的战略阐述，从而导致企业的核心竞争优势及新型能力无法准确提炼。毕竟两化融合管理体系贯标咨询项目不是战略咨询项目。项目组无法在短时间内研究清楚企业所面临的战略环境和所需要的战略决策，只能根据企业高管团队的智慧来辨析核心竞争优势和寻找新型能力。所以，临时组织高管团队研讨的战略阐述有时候并不一定能深刻反映基于市场洞察的战略思考，从而导致项目团队和企业高管团队都无法深信新型能力的打造决定企业未来的核心竞争优势，使得贯标咨询难以取得实质性的成果。

4）提前部署信息化或工业化项目建设项目。

由于企业在完成两化融合管理体系贯标过程中，经常受制于地方政府的时间表，从而导致委托咨询机构时会将时间要求提出来。我们往往在这个时候会根据两化基础建设情况和管理规范情况确定能否帮助企业满足时间要求。两化基础建设情况好、管理规范的企业往往都提前部署了信息化或工业化项目建设项目，这样的准备将极大地缩短贯标咨询周期，也能更好地体现决策层对企业核心竞争优势和新型能力的思考。

和需要准备的资源类似，企业要充分预测可能的风险，并准备好相应的应变方案。此时，选择一个好的咨询机构是确保成功的基础。

上述几种资源的准备不足都有可能带来风险，企业的决策者一定要根据自身的条件和情况灵活掌握方案的实施方式。

第二节　两化融合管理体系建立阶段的工作

两化融合管理体系即《信息化和工业化融合管理体系　要求》（GB/T23001-2017），其共有10个章节的内容，分别为：1 范围、2 规范性引用文件、3 术语和定义、4 可持续竞争优势、5 领导作用、6 策划、7 支持、8 实施与运行、9 评测、10 改进，体系建立阶段的主要工作就是要将标准中每一条款的要求与开展贯标企业进行融合，帮助企业实现标准落地、管理落地。整体工作概述如下：

第一，召开贯标项目启动会，开展两化融合管理体系系列培训，进行全员宣贯，提升全员对两化融合及两化融合管理体系的认知水平。

第二，开展对企业人、财、物、信息资源、信息安全相关部门及企业负责人的调研访谈，摸清企业的管理现状、工业化和信息化现状、发展战略及未来发展规划。同时借助《工业企业信息化和工业化融合评估规范》对企业两化融合现状进行全面评估，并通过差距分析进行诊断。

第三，在调研诊断的基础上，结合企业面临的内外部环境，重点关注企业高层的战略愿景，通过企业战略重点的分析，总结企业两化融合的方针，识别企业对信息化环境下新型能力的需求，明确两化融合的具体目标，确定实现两化融合目标所必需的工作过程、相应的职责权限、所需的资源，并提出企业两化融合管理体系的内部评测与改进办法。

第四，完成两化融合管理体系文件的编写和记录的整理，主要包括公司两化融合管理手册、两化融合文件化信息控制程序、两化融合相关制度、两化融合作业文件、过程记录的整理。

一、任务一：项目启动与培训

本任务主要是完成项目启动会前的准备、召开项目启动会及启动会后培训、工作部署的开展，详情如下：

（1）项目启动会前的准备。

1）建立两化融合管理体系常设组织：与高层领导沟通，确立两化融合管理体系领导小组和工作小组，并明确各自相关的工作职责。需要注意的是最高管理者及领导小组组长必须由企业一把手担任，管理者代表须由处于公司决策层的副总担任。

2）收集涉及企业管理现状、信息化和工业化现状及企业发展规划等相关资料，为后续对标不足、管理体系策划奠定基础。

3）建立贯标项目沟通机制与项目主计划。

（2）召开项目启动会。

1）最高管理者宣读企业的两化融合管理体系领导小组和工作小组成员名单，任命管理者代表，宣导两化融合管理体系贯标的重要性，并营造贯标的氛围。

2）解读贯标项目内容、进度、沟通机制，获得高层领导支持并达成共识。

（3）启动会后的工作开展。

1）制定企业两化融合管理体系贯标工作实施方案，明确贯标工作目的、工作目标、工作内容、工作计划（包括贯标各阶段进度安排、交付成果）、工作验收及相关激励、考核措施。同时与主要环节进行初步沟通，就实施方案现相关的资料搜集、文件编写、体系试运行工作进行提前协调。

2）结合企业实际制定调研访谈提纲与访谈计划、培训计划，并按照培训计划完成两化融合管理体系系列培训。

二、任务二：调研评估与诊断

本任务主要在前期研究企业现状的基础上，为确定企业可持续竞争优势、新型能力需求、两化融合的方针与目标，摸清各业务部门实际管理现状及信息化现状，对企业高层及业务部门进行访谈。与此同时，借助两化融合服务联盟评估系统对企业进行全面评估。根据调研访谈结果和自评估，对照行业两化融合水平及获取可持续竞争优势的需求，进行差距分析和诊断。

详情如下：

（1）高层访谈：了解高层对企业面临的内外部环境、优势－劣势－机遇－威胁的解读，以及对未来战略、战略重点、战略举措、可持续竞争优势、新型能力的需求。

（2）业务部门调研：通过与业务部门访谈，了解部门管理现状，并与标准对照，查找不足及改进点。明确各部门职责，为后续体系文件编写、体系试运行工作安排及体系审核奠定基础。

（3）两化融合自评估：为确保企业掌握自身两化融合建设所处的位置及存在的不足，组织相关业务部门借助两化融合服务联盟评估系统开展自评估，及时摸清企业在两化融合基础建设、单项应用、综合集成、协同创新、竞争力和经济效益上的现状，并找出不足。

（4）差距分析诊断：在调研访谈、自评估的基础上，对企业的两化融合建设进行差距分析和诊断。

三、任务三：管理体系分析与策划

本任务主要在前期调研访谈与差距分析诊断的基础上，明确企业的可持续竞争优势、新型能力需求、两化融合的方针、目标等，确保战略－优势－能力的一致性。结合企业实际情况，在明确的新型能力体系中，选择本次申请评定的新型能力作为支撑两化融合管理体系有效落地的支撑，以确保本质贯标。与此同时，为确保两化融合目标的实现，对两化融合的过程及相关的组织、支持条件、评测与改进方法等进行策划。

详情如下：

（1）确定两化融合的方针：分析企业战略、愿景、使命，围绕获取企业可持续竞争优势的主体，兼顾利益相关方的诉求，既体现领导期望和要求，又满足标准的框架和企业的中长期发展规划。

（2）识别新型能力：在调研评估基础上，分析政策导向、市场需求、行业竞争态势、技术发展趋势、业界标杆等因素，运用分析工具，找出竞争优势方向，确定打造信息化环境下能力的需求及其优先级。

（3）确定两化融合的目标：找出企业目前的弱项和存在的问题，对这些问题进行分析，引导出两化融合的目标，包括两化融合总体目标、阶段目标，并确保可监视、可量化且明确时间要求。

（4）明确两化融合的管理过程。

（5）建立两化融合管理体系的评测与改进机制，明确评估诊断、内部审核、管理评审、考核、监视与测量、不符合的方法、程序及完善机制。

四、任务四：文件编写与发布

本任务主要是成立两化融合管理体系文件编写小组，组织文件编写培训，沟通文件编写计划和要求，完成管理体系文件编写，并组织业务环节的讨论，审批并发布两化融合管理体系文件。

（1）文件编写的准备：组织文件编写小组，建议由工作小组成员组成，开展文件编写培训，编写文件编写计划，召开文件编写会议，动员文件编写工作。体系文件的编写包括管理手册、文件化信息控制程序。

（2）文件编写讨论与修订：体系文件的讨论和修改，组织文件审核会议,进行文件的审核、修订,并留下修订记录。

(3)文件编写发布:发布两化融合管理体系文件。

第三节 两化融合管理体系实施阶段的工作

在前期将两化融合管理体系建立的基础上,为确保体系建立的适宜性、有效性,体系核心的四要素:数据、技术、业务流程与组织结构真正实现匹配协调、融合提升,按照标准要求须开展体系实施阶段工作,主要涉及的任务:体系试运行、内部审核、管理评审、纠正预防措施。详情如下:

一、任务五:体系试运行

本任务的主要目的:以本次拟申请评定的新型能力为主线,全面检查两化融合管理体系三大循环(要素循环、管理循环、战略循环)在企业落地实施的有效性,以发现不足、查漏补缺、螺旋改进、整体提升。本任务涉及的环节:试运行准备、召开试运行启动会、试运行监控、试运行总结,现针对每一环节进行详细解读:

(1)试运行的准备。

1)与相关部门沟通明确体系试运行开始时间。

2)明确各部门试运行期间工作安排,特别是两化融合管理体系标准覆盖的部门,以确保标准真正落地,融入企业管理。

3)制定试运行方案,明确试运行的主要活动、主要过程、主要组织单位、需要完成的试运行表单及试运行结束时间,需要注意按照体系标准要求体系试运行时间不低于3个月，具体试运行周期，则要依据试运行的效果及新型能力的建设周期而定，但至少要满足体系要求，这也是确保本质贯标的有效举措。

4）制定监视测量计划，主要包括新型能力目标检测、实施框架监测、四要素同步改进提升监测，同时明确监视测量人及部门、监测周期、监测方式等。

5）明确考核方式，制定考核方案，企业应将监视测量计划中各要素纳入绩效考核体系，真正实现目标事前有计划、事中有监测、事后有考核，实现目标落地、能力落地、可持续竞争优势落地、战略落地、

（2）召开试运行启动会。

企业应以试运行启动会的形式正式宣布公司两化融合管理体系进入实施阶段，与会者至少应包括管理者代表及各部门负责人，同时宣贯体系试运行的必要性、体系试运行工作安排、体系试运行注意事项、体系试运行结束时间、体系试运行培训等重要工作部署。

（3）试运行监控。

按照试运行方案的要求，开展试运行期间监控工作，企业应指定专部门专人负责统筹和跟踪体系试运行期间各相关部门的工作进展、所遇到的问题或疑惑，并及时针对试运行期间存在的问题协调相关人员研讨，确保试运行期间问题可发现、可追踪、可解决，问题不限于体系文件的适宜性、四要素的匹配性、能力打造项目的实施等。与此同时，按照体系要求保留和记录好试运行记录，作为后续检验体系有效性的依据。

（4）试运行总结。

按照试运行方案结束试运行后，专部门应及时整理和汇总试

运行期间的各部门、各人员的反馈，内容包括但不限于新型能力的建设情况、两化融合目标的达成情况、体系文件的实施情况、四要素匹配调整情况等方面，并以此为依据编制试运行总结，并做出试运行评价。

二、任务六：内部审核

内部审核，顾名思义由企业自己开展的现场审核，这与第三方及评定机构开展的现场审核相区分，其目的在于：

1）建立一支专业的两化融合管理体系审核队伍。

2）以审核促认知，再次提升全员对两化融合管理体系的认识水平。

3）全面检查企业两化融合管理体系建立情况、试运行情况与标准的符合性，并针对发现的不足，提出纠正与预防措施，以持续改进。

内审的难点在于尽管企业曾经做过质量管理体系、环境安全管理体系等标准的贯标，但由于两化融合管理体系在关注焦点及内容方面均有很大差异，因此对于首次评定的企业来说存在一定的实施难度。

为此，本节将重点从内部审核的准备、内部审核实施及内部审核总结3个方面进行详细解读，以便于广大企业顺利推进审核工作。

（1）内部审核的准备。

1）内审员的遴选、培训及内审小组组建。

两化融合管理体系作为企业首次导入，在内审员的选择上存在诸多疑惑，为此建议企业在企业负责人才保障、资金投入、设备设施、信息资源、信息安全、三体系主管单位、新型能力建设主管单位中每部门遴选1~3人作为内审后备人员。通过对组建的后备人员进行培训和考核，根据考核结果再次遴选为内审小组成员，小组人员规模依据审核范围、审核单位数量决定，建议采取2人成组制开展，同时内审小组组长由管理者代表任命，其人选建议由体系建设经验丰富或信息化建设经验丰富的人员来承担。在此基础上，正式成立两化融合管理体系内审小组。

2）内审计划的制定。

内审小组成立后，由内审组长制定内部审核计划，明确内部审核目的、范围、准则、频次和时机、组织和程序、步骤、方法等。同时内部审核采取交叉审核的方式开展，内审组长在进行内审小组分配与人员安排时要额外注意。

3）内审检查表的编制。

对于首次申请贯标的企业来讲，内审检查表的作用不言而喻，它是两化融合管理体系标准的白话版本，便于内审员及受审核方理解审核要点及重点的依据。为此，内审组长应组织熟悉体系的专人负责编制检查表，需要注意的是在编制检查表的过程中，体系中每一条款都应在检查表中体现，不允许有遗漏，否则容易造成体系缺失、不健全，影响后续评审及持续改进。

（2）内部审核的实施。

1）内审首次会议。

按照体系要求，内部审核首次会议须由管理者代表亲自主持，内审组长及内审小组成员务必参加，其他人员体系不做硬性要求。此外，会议日程主要包括管理者代表公布内审成员名单、宣读内审计划，同时协调内审现场实施工作安排及内审要求。

2）现场审核。

各内审小组按照内审计划安排，对照预先编制的内审检查表逐一对体系涉及的各部门开展现场审核，审核的方式主要有询问及记录查询两种方式。审核员在审核过程中务必翔实记录审核过程的发现，审核过程中入队审核依据、审核记录的合规性、审核问题的不确定性存在争议，则应立即请审核组长介入，对产生的问题及争议记录在案，并协调解决。需要注意的是内审审核的重点是体系文件、制度文件运行产生的记录对于标准条款的满足度，而非制度本身，同时审核方应在检查表中清晰记录审核过程中的发现，且自己清晰可查。

(3) 内部审核的总结。

1）内审末次会议。

现场审核结束后，各审核组整理汇总完成审核发现的基础上，由管理者代表组织召开内审末次会议，由各审核组通报各自审核发现，审核组长汇总审核争议及解决方案，最后由管理者代表对企业两化融合管理体系的有效性、适宜性及合规性给出总体评价，并明确目前存在的不符合清单及整改建议清单，落实责任人机整改完成日期，以备验证。

2）内审报告编制。

由内审组长编制内审报告，总结内审过程及内审发现，并将管理者代表给予的体系评价做出书面结论。

三、任务七：管理评审

管理评审由最高管理者亲自主持，其目的在于综合评价企业推动两化融合管理体系工作以来，在体系建立、实施、评测与改进、新型能力打造、各主要职能部门对两化融合管理体系认知、各部门两化融合后续改进举措等方面的开展成效与不足，并以此识别企业两化融合管理体系改进的机会和变更的需要。

该任务涉及的主要工作包括各部门开展两化融合管理体系工作总结、管理者代表总结整体体系建设历程、新型能力打造过程、新型能力的打造成效、体系评测改进实施效果及不足等。在此基础上，通过召开管理评审会议，由最高管理者对整体情况做综合评价，并识别未来改进需要，以实现螺旋提升、持之以恒。

四、任务八：纠正与预防措施

本任务主要是针对内审过程中出现的不符合项、整改建议项，以及管理评审过程识别出的不足制定针对性的纠正和预防措施，同时明确措施的负责人、完成时间及验证方式，满足持续改进的需要。

第四节 两化融合管理体系评定阶段的工作

体系评定阶段，即企业在完成体系建立及实施阶段工作的基础上,邀请第三方评定机构对企业两化融合管理体系的合规性、符合性进行判定,通过后将委托第三方评定机构将企业推荐至两化融合管理体系专家委员会进行复核,如复核通过将进行公示,并颁发两化融合管理体系评定证书。

总体流程如图4-2所示,企业根据两化融合服务联盟要求编制评定材料,并递交评定申请,第三方评定机构受理后会制定评估审核计划,一般分为两个阶段,分别为第一阶段评估审核、第二阶段评估审核。评估审核通过后将企业推荐至评定工作委员会复核,最后公示取证。

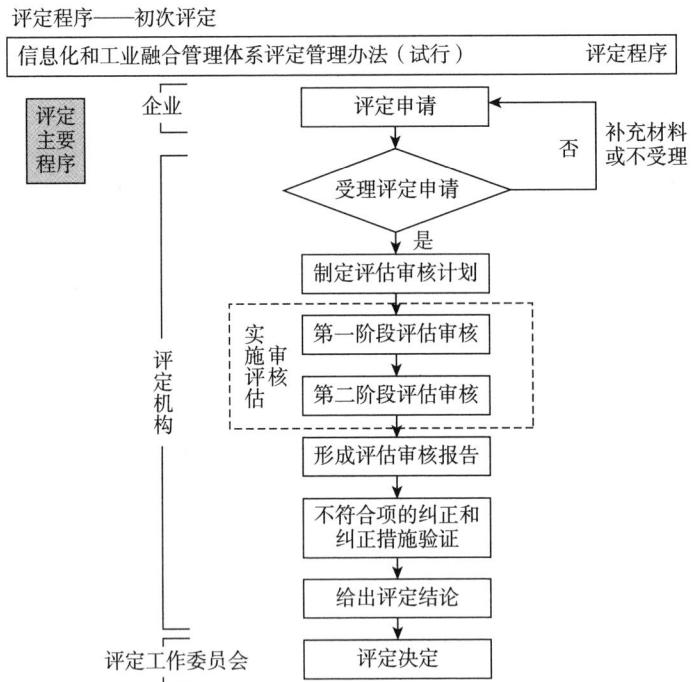

图4-2 两化融合管理体系评定

图片来源:工信部《评定培训材料1-两化融合管理体系评定管理办法》

需要注意的是有两项申请材料尤为重要，评定申请表及企业汇报PPT，专家委员会复核的重点均在于此。

一、任务九：一阶段审核

（1）一阶段审核前工作准备。

一阶段审核的安排需要企业在两化融合评定平台上上传9项材料后，同时需提前与第三方评定机构签订评估合同的前提下方能开展。其中，9项材料包括评定申请表、企业组织结构代码、企业营业执照、内部审核计划与报告、管理评审计划与报告、企业两化融合汇报PPT、自评估报告、体系运行证明文件、管理手册与文件化信息控制程序，关于评定合同的金额国家有明文规定，企业放心签订即可。

在同时满足上面两个条件的情况下，第三方评定机构会制定第一阶段评估审核计划，明确评估审核时间及评估审核条款，并提前知会企业。

（2）一阶段审核。

一阶段审核的重点在于核实企业评定材料的真实性、合规性，以及有无明显重大缺失项。同时，一阶段现场审核会开具整改建议清单，待企业完成整改后方可安排企业第二阶段现场审核。

二、任务十：二阶段审核

二阶段审核第三方评定机构会严格按照两化融合管理体系标准中每一条款进行核实，其检查的粒度更细，深入企业管理的方方面面，审核结束后，会开具不符合项，知晓企业整改。同时，会根据审核情况判定是否进行推荐的最终结论，如不推荐，企业应完成整改后，邀请第三方在此开展评定。

三、任务十一：不符合整改与纠正

不符合项开具后，企业应尽快落实，分析问题原因、给出整改举措、落实整改行动，并完成整改，同时将整改过程资料及记录递交给第三方进行检查验收。

四、任务十二：专家委员会复核公示及取证

不符合整改经第三方评定机构确认后，将由第三方编制评定报告，并给出评定结论。企业确认后将把9项材料及现场审核材料等递交两化融合服务联盟进行合规性审查，通过递交专家委员会复核公示，最后取证。

任务十三和任务十四，详见第五章。

本章小结

观点：

（1）为确保企业将两化融合管理体系实质落地，并依据工信部《信息化与工业化融合管理体系 要求》（GB/T23001-2017）为基础，特将整体贯标周期方案概述为4大阶段与14项任务，并

且4大阶段及14项任务的顺序开展、螺旋提升。

（2）两化融合管理体系本质贯标需要持续推广，并提升对公司管理层两化深度融合的认识。

（3）实施阶段的试运行工作是以拟申请评定的新型能力为主线，全面检查两化融合管理体系三大循环（要素循环、管理循环、战略循环）在企业落地实施的有效性，以发现不足、查漏补缺、螺旋改进、整体提升。

（4）评定阶段需要注意的是有两项申请材料尤为重要，评定申请表及企业汇报PPT，专家委员会复核的重点均在于此。

复习思考题

（1）两化融合建立阶段、实施阶段、评定阶段各有哪几项任务？

（2）两化融合建立阶段的启动会应注意哪些事项？起到什么效果？

（3）两化融合建立阶段的文件编写要注意哪些事项？起到什么效果？

（4）如何引起最高管理者对两化融合管理体系贯标咨询项目的重视和支持？

（5）企业为了做好本质贯标，需要把握哪几个关键点？

第五章
贯标后续工作指南

第五章 贯标后续工作指南

第一节 保持和改进阶段的工作概述

企业首次通过两化融合管理体系评定后并不代表贯标工作的结束，根据标准的要求，企业应开展年度监审工作，以确保体系的持续优化和改进。同时，证书的有效期为3年，到期后应及时开展换审工作，整体流程与首次评定一致，区别在于申请的新型能力可根据企业打造的能力优先级进行更换。

一、任务十三：年度监审

监督审核共2次，即在企业获证后的两年内每年执行一次，其审核重点在于核实企业的两化融合管理体系，是否得到持续优化和改进，特别是新型能力是否进行支持升级提升。

二、任务十四：换审

两化融合管理体系证书的有效期为3年，到期后企业应重新递交评定申请,其流程与首次评定一致,其不同在于企业可按照能力优先级对申请评定的新型能力进行更换。

第二节 年度检查

企业获得两化融合管理体系评定证书后,为确保企业建立的两化融合管理体系能够持续改进与实质落地,按照标准要求,企业应在获证后的两年内每年开展年度检查工作,涉及两化融合管理体系文件运行情况、新型能力改进情况等。

年度检查涉及的主要内容如下:

1)公司基本情况的变更情况,主要包括公司的组织结构、贯标领导小组和工作小组的变化、公司主营业务与经营情况的变化等。

2)公司两化融合管理体系相关过程的变更情况,主要包括公司监督审核的新型能力是否变化、公司战略-可持续竞争-新型能力体系变更情况、公司内外部环境变更情况、近一年开展的评估诊断情况、内部审核开展情况、监视与测量情况、考核情况、管理评审情况,以及本次监督审核的新型能力改进升级情况。

3)针对体系中要求有关资金投入、人才保障、设备设施、信息资源、信息安全的检查工作按照首次申请评定时的要求开展。

第三节　复核评审

复核评审工作的开展与贯标首次评定开展主要有以下几点不同：

（1）监督审核的时间节点不同。

监督审核在获证后的两年内开展，每年执行一次。具体执行的时间节点举例说明：公司首次评定获证的时间为 2018 年 5 月 11 日，正常情况下企业应在 2019 年 5 月 11 日前完成监督审核工作，同时为照顾企业的实际情况，比如忙于生产、准备不充分等，两化融合服务联盟允许企业延迟 3 个月开展监督审核。也就是企业最晚应在 8 月 11 日前完成，无论企业选择哪个时间节点，一般建议提前一个月接洽评定机构准备监督审核适宜，第二次监督审核的时间节点安排，如此类推。

需要注意的是企业务必在 2019 年 8 月 11 日前完成监督审核，逾期评定机构会在两化融合服务联盟官方网站上暂停证书，即判为失效。

（2）评定范围不同。

如上所述，监督审核分两年开展，针对 GB/T23001-2017 中"7 支持条件"中的条款，两次监督审核的总范围只要全部覆盖即可，这是与贯标首次评定最大的不同，标准中的其他条款每次监督都会再次检查。与此同时，企业有自主权利选择首次监督审核的具体范围，但有一点需要注意 GB/T230001-2017 中"8 实施与运行过程"，每次监督审核都要检查，即监督审核新型能力的改进提升过程的检查与首次评定时一致。

（3）评定机构现场审核的程序不同。

公司遵照上述时间节点与评定机构签订监督审核合同后，公司应与评定机构协商监督审核现场审核的具体日期，并与企业协商监督审核范围，确定后评定机构会提前向企业下发监督审核计划，监督审核只有一个阶段，一般为4人天。根据评定机构所来的审核员数量决定具体的审核天数，这是与首次评定的第二大不同，监督审核的后续程序包括是否通过监督评定、开具不符合、不符合整改与验证、评定机构出具评定结论、合规性审查、复核等过程，与首次评定时程序一致。

（4）审核侧重点不同。

监督审核侧重首次评定后，体系的建立是否持续有效，能力提升是否持续开展，更加关注体系的实效性。而首次评定审核则侧重体系的合规性，因此，企业在准备监督审核时，需要额外重视审核材料的准备。

两化融合管理体系的落地与本质贯标的最佳见证均为新型能力的持续打造，如失去这一点体系的有效性将无从谈起，这是企业开展两化融合工作的主线和核心。无论首次评定还是监督审核，这都是重中之重！

在监督审核评定机构的选择上主要存在如下两种情况：

首先，针对监督审核评定机构的选择，企业拥有绝对自主权，在这里我们只提供建议，以供参考。

1）企业首次评定时，已签订监督审核合同，则企业按照首次评定时接洽的评定机构直接对接即可。

2）企业首次评定时，只签订了首次评定合同，未签订监督审核合同。

针对此种情况，建议企业仍然选择首次评定的机构作为监督审核方，主要出于首次评定时双方有过良好的沟通与交流。如若不然，企业有自主权选择其他评定机构作为监督审核方，机构名单如前所列。

第四节　持续塑造新型能力

企业的新型能力有哪些？

一、时代发展进程中的企业核心能力体系变迁

随着时代发展，企业的核心能力从关注技术产品开始转向关注用户价值，企业的核心能力也从传统能力开始转向到新型能力，如图5-1所示。

新型能力总结如图5-2所示（通过评定企业的新型能力图谱）。

通常来说，原材料行业最关注生产管控类能力，装备制造行业普遍致力于提升研发创新和生产管控能力，消费品行业在打造生产管控、供应链管控、用户服务能力方面非常活跃。规模越大的企业对供应链管控、经营管控类能力的关注度越高，不同规模企业对于生产管控、研发创新类能力的关注度相对较为均衡。

截至2018年6月，有1296家企业通过评定，覆盖1535个信息化环境下的新型能力总结。

研发创新类能力：包括基于客户需求的数字化快速定制研发

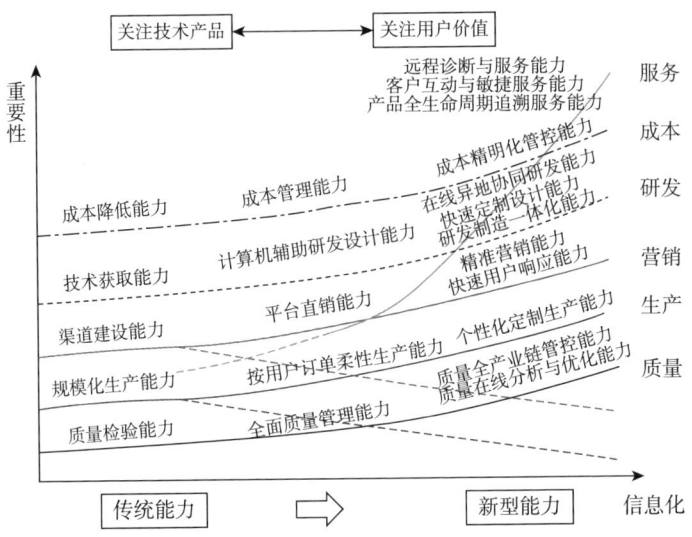

图 5-1　企业核心能力体系变迁

能力，产品研发、工艺设计、生产制造一体化能力，在线、异地协同研发能力。

生产管控类能力：包括产能平衡与稳定生产；精益生产与敏捷制造；质量、安全、节能、环保、设备的精细化管控。

供应链管理类能力：包括供应链协同运营能力；销售、采购、物流、库存的精细化创新管控；供应链金融服务。

财务管控类能力：包括财务与业务集成；成本精细化管控；集团型企业财务及中管控。

经营管控类能力：包括一体化高效经营管控；复杂项目的精细化管控；基于数据分析的智能决策；集团性企业资源集中共享与协同运营。

用户服务类能力：包括精准营销、用户互动与敏捷服务；客户订单的快速响应与交付；产品全生命周期追溯。

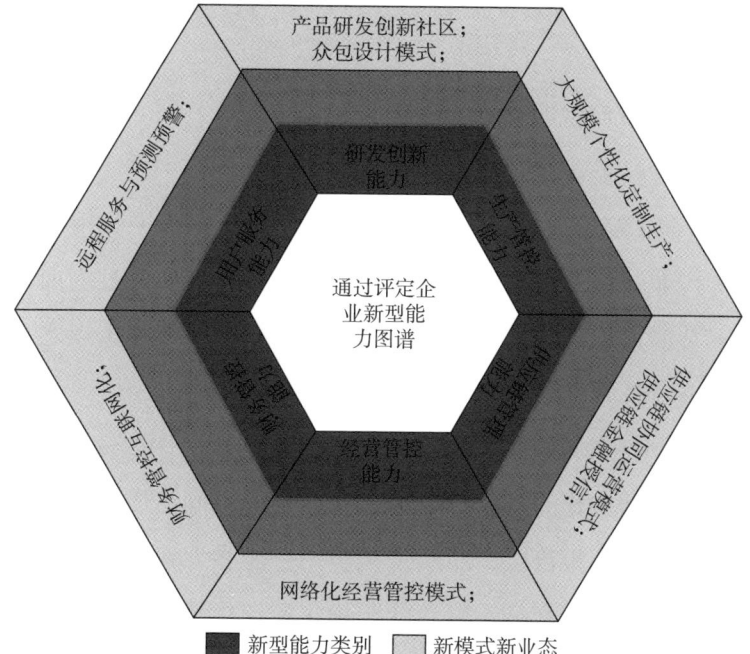

图 5-2 通过评定企业的新型能力图谱

图片来源：工信部发布《005-互联网时代我国企业打造新型能力的重点、方向及管理创新关键点 v4.4》

二、新型能力识别与塑造的方法与路径

（1）方法与路径的说明。

两化融合管理体系明确提出了识别与打造互联网时代企业新型能力的方法与路径。

1）描述企业发展战略重点。

2）描述可持续竞争优势需求。

3）描述信息化环境下新型能力需求。

4）新型能力关键指标。

5）从要素循环、业务流程、组织结构、技术、数据四个角度阐述落地行动。

（2）试举例说明。

·原材料企业打造产能平衡与稳定生产能力。

1）企业发展战略重点：加强企业内部管控水平和精细化程度，为产业转型升级赢得时间，使原材料行业平稳渡过当前严峻经济形势的迫切需求难关；原材料行业企业当前战略重点之一是精细管理、降本增效。

2）企业可持续竞争优势需求：成本优势——能够对产品成本进行更加精细化的管控与核算，为客户提供同品质下价格更低的产品，并快速报价；产品质量优势——能够为客户提供质量更稳定、品质更高的产品；资源能源优化配置优势——根据市场环境变化，更加灵活快速地调整生产安排，优化资源能源配制，提高有效产出。

3）信息化环境下新型能力需求：为了具备在成本、产品质量、资源能源优化配置等方面的可持续竞争优势，明确在信息化环境下急需打造和提升的重点新型能力，以产能平衡与稳定生产能力为例。

4）新型能力关键指标：包括但不限于生产计划制定效率、生产调度对生产计划执行的准确率、调度平衡数据分析响应速度、综合商品率、成本核算精度与速度、综合能源情况、装置产能综合利用率、装置非计划停工次数。

5）业务流程要素：梳理优化原材料行业信息化环境下生产管控过程涉及的关键业务流程，包括但不限于生产计划制定流程、物料平衡与采购流程、多装置一体化调度流程、生产调度指挥流程、生产调度平衡流程、成本核算流程、生产运行监测流程、装置巡检维护流程、风险预警流程等。

6) 组织结构要素：对应生产管控相关流程的优化需求，对相关组织结构及其职责进行优化调整。生产管控流程流转的部门一般包括：经营管理部门、生产管理部门、生产调度部门、物料采购部门、设备设施部门、财务部门等。

7) 技术要素：为了实现上述业务流程与组织结构，企业按需配置相应的信息技术和工业技术手段，如 ERP 系统、PIMS 系统、MES 系统、APC 系统、DCS 控制系统、数控化、网络化、智能化的生产装置、自动化测量设备、物联网技术等。

8) 数据角度：对于生产管控中产生的信息资源，企业开展相应的数据开发利用工作、优化相关业务，如自动及时地采集汇总产品及原材料市场价格数据、生产运行数据、物料动态数据、物流信息、装置生产能力等，进行建模分析，高效开展优化排产。

· 装备制造企业打造产能平衡与稳定生产能力，如图 5-3 所示。

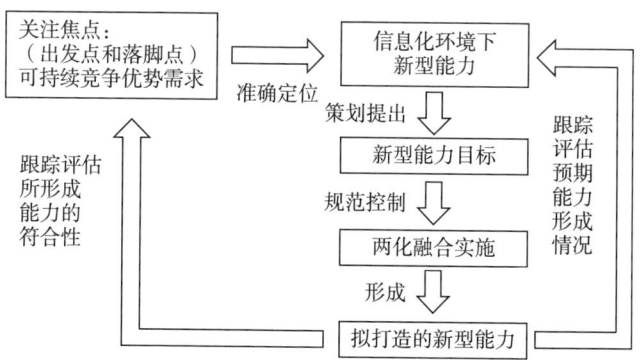

图 5-3 打造产能平衡与稳定生产能力

图片来源：工信部发布《003-两化融合管理体系的理论和基本框架 v17.0》

1）企业发展战略重点：装备制造领域是全球一体化的开放市场；前沿产品和核心技术一旦领先，同类企业难以在短时间内复制和追赶。装备行业企业当前的战略重点之一是产品高端化、差异化。

2）企业可持续竞争优势需求：研发设计资源优势——拥有更加丰富的可快速复用和优化的模块化设计基础资源；产品性能优势——装备产品技术性能领先、工艺先进、结构出众、质量过硬、故障率低、使用周期长；研发效率优势——能够更加快速精确地设计出与客户订制需求匹配度高的产品；基于产品智能化的服务优势——基于智能化产品，为用户提供更好的服务。

3）信息化环境下新型能力需求：装备行业企业为了具备在研发资源产品性能、研发效率、服务等方面的可持续竞争优势，明确在信息化环境下亟须打造和提升的重点新型能力，是基于客户需求的数字化快速定制研发能力为例。

4）新型能力关键指标：包括但不限于产品研发中有数字化标准结构 BOM 的比例；产品研发设计周期；产品设计与工艺设计的传递效率；客户产品订制化需求的响应时间；产品设计变更次数；设计阶段产品成本测算的准确程度；新产品销售占比。

5）业务流程要素：梳理优化信息化环境下装备产品设计所涉及的关键业务流程，包括但不限于客户订制化需求的确认流程，研发设计流程，设计变更流程，产品成本预估流程，工会设计流程，产品设计到工艺设计的转换流程，产品参数维护流程，与供应链、配套厂商的协同研发流程等。

6）组织结构要素：对应产品研发设计相关流程的优化需求，对相关组织结构及其职责进行优化调整。上述研发设计流程流转的部门一般包括产品研发部门、工艺设计部门、财务及采购部门、信息技术部门、销售部门等。

7）技术要素：为了实现上述业务流程与组织结构，企业按需配置相应的信息技术和工业技术手段，如研发管理平台、PDM 系统、二维 CAD 系统、三维 CAD/CAM/CAE 系统、CAPP 工艺制造系统、云平台、物联网、传感器、嵌入式系统，以及相互之间的集成等。

8）数据角度：对于产品研发设计中产生的信息资源，企业开展相应的数据开发利用工作、优化相关业务，如对客户需求数据进行积累统计和分类分析、优化企业产品结构、扩大标准结构 BOM 范围、对数字化产品图纸和工艺图纸进行积累、扩展可利用的产品模型等。

三、打造新型能力的管理变革之道

由于识别和打造新型能力有可能对原有的习惯和权责进行调整，故新型能力的打造也是一场管理变革，需要遵循管理变革之道，需要考虑如下两方面的因素：

（1）遵循变革曲线，如图 5-4 所示。

在变革曲线的第一阶段，也就是变革方案刚引入时，人们往往会感到震惊，或者拒绝面对。

在变革开始实施后的第二阶段，人们会以一些消极的方式来回应。比如对变革可能对自身带来的损失感到焦虑或愤怒，对变革方案进行抵制等。如果人们拒绝变革进程，持续停留在第二阶段，将会对变革造成极大的阻碍。

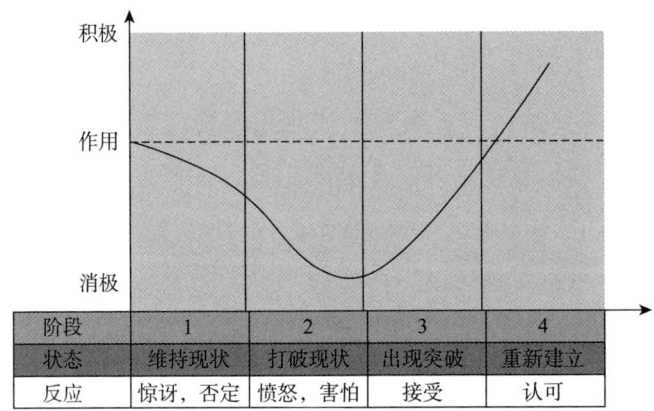

图 5-4　变革曲线

而进入变革曲线的第三阶段后,理解和支持会逐渐取代消极的情绪和迟疑不决的态度,为变革带来活力。在这个阶段,人们不再专注于变革带来的短期损失,而开始接受新的思路,探索变革会带来哪些不同,并逐渐适应。

在第四阶段,人们开始自觉拥护变革,并通过改变自己的行为方式来更好地适应新的工作环境。只有在进入这个阶段之后,公司才真正开始收获变革的成果。

(2) 创造心理安全感。

根据著名的企业文化专家、"企业文化理论之父"埃德加·沙因的研究,变革过程中要为正在经历变革和学习的企业员工创造心理安全感。那么如何创造心理安全感呢? 埃德加·沙因总结了创造心理安全感的八项条件:

1) 一个吸引人的愿景。

2) 正式的培训。

3) 学习者的参与。

4) "家庭式"集体和团队的非正式培训。

5) 实践、指导和反馈。

6) 塑造积极的榜样。

7) 支持性的团体。

8) 建立与变革方向一致的组织系统和结构。

在我们给很多企业开展两化融合贯标咨询的过程中，经常会看到这样一个现象：初期接触时，企业都说自己要做本质贯标；过程中发现有大量的协调工作时，就有些气馁、想打退堂鼓，甚至有的企业在贯标咨询过程中就发生了管理代表离职的事情，最后退而求其次。之所以会发生这样的情况，我们认为主要是因为没有充分认识到两化融合管理体系的本质贯标是一场深刻的变革，从而做好相应的准备。

四、打造企业新型能力的要点

由于企业的新型能力会随着经营环境和企业的发展阶段不同而变化，企业需要学会打造企业新型能力的系统方法，在每个环节都要有组织能力和专业团队支撑。根据近几年的总结，我们把打造企业新型能力的系统方法总结为八个步骤：

1) 侦测企业经营环境，确定企业战略。

2) 提炼相匹配的可持续竞争优势。

3) 界定信息化环境下新型能力体系。

4) 确定新型能力建设目标与指标。

5) 新型能力整体规划。

6) 确定新型能力建模分析。

7) 新型能力实施与维护。

8）新型能力的评估监测。

因此对应八个步骤，打造企业新型能力也有八个要点：

1）侦测环境，准确描述企业战略。

2）精确提炼界定未来的核心竞争优势。

3）辨识和确立新型能力，建立新型能力体系。

4）设立实现新型能力合理的目标与指标。

5）新型能力整体规划。

6）新型能力模型分析，确定实施计划和变革过程管理。

7）新型能力相关系统立项实施与系统维护。

8）对新型能力进行定期评估，实施监测。

之所以提出八个要点，是因为我们在给企业做贯标咨询实践中，经常会遇到这些问题，希望通过八个要点帮助企业对新型能力进行管理的闭环。每个要点的缺失都有可能造成方向走偏，或者描述不准确，从而无法界定新型能力。常见的两种情况是：

1）企业缺乏明确的战略描述，需要通过高层访谈和研讨才能总结出来，这个过程相当于帮助企业做一遍战略梳理。

2）基于企业的工业化项目或者信息化项目确立新型能力。这基于一个假设：企业在做该工业化项目或者信息化项目时，已经经过论证，符合公司的战略规划，并能奠定公司未来核心竞争优势。

本章小结

观点：

（1）企业获证后的两年内每年执行一次，其审核重点在于核实企业的两化融合管理体系,是否得到持续优化和改进,特别是新型能力是否进行支持升级提升。

(2)两化融合管理体系证书的有效期为3年,到期后企业应重新递交评定申请,其流程与首次评定一致,其不同在于企业可按照能力优先级对申请评定的新型能力进行更换。

(3)随着时代发展,企业的核心能力从关注技术产品开始转向关注用户价值,企业的核心能力也从传统能力开始转向新型能力。

(4)由于识别和打造新型能力有可能对原有的习惯和权责进行调整,故新型能力的打造也是一场管理变革,需要遵循管理变革之道。

(5)根据著名的企业文化专家、"企业文化理论之父"埃德加·沙因的研究,变革过程中要为正在经历变革和学习的企业员工创造心理安全感。

复习思考题

(1)年度监审有哪些工作?
(2)复审有哪些工作?
(3)请阐述变革曲线呈现的管理变革规律。
(4)如何为正在经历变革和学习的企业员工创造心理安全感?

第六章
案例实操场景举例

第六章 案例实操场景举例

第一节 场景一：机构选择

A 公司办公大楼 F2 会议室，信息管理部赵部长、公司 CIO 钱总、公司总经理孙总正在就公司计划开展的两化融合管理体系贯标事宜进行研讨。目前摆在各位领导面前的问题是如何选择贯标辅导机构。

目前共有三家贯标咨询机构向公司提交了项目方案，有意向开展贯标合作。三家咨询公司各有特点：

咨询机构 1：主营业务是咨询认证，从事 ISO9000 及其他认证项目咨询，有政府关系资源。

咨询机构 2：主营业务是管理咨询，偏向战略及管控方面，从传统管理咨询转型做两化融合贯标咨询。

咨询机构 3：主营业务是企业管理软件，有专门的咨询事业部，从事 IT 规划、企业架构设计咨询业务。

到底选择哪家咨询机构开展贯标辅导呢？

点评：

由于两化融合管理体系涉及面广、要求高，需要跨部门统筹协调，企业自行开展的难度较大，所以试点企业在做贯标时往往会选择咨询机构来做辅导。

2014年9月，两化融合服务联盟从数百家咨询机构中遴选了80家作为推荐的两化融合辅导机构并予以公布。

2016年3月，两化融合服务联盟公布了第二批160家贯标辅导机构的名单。

文件化的两化融合管理体系的建立需要编写一套规范的管理手册和文件化信息控制程序，这项工作基本上开展贯标的咨询机构在经过一定的项目积累之后都可以很快完成。但是对于企业来说，耗费人力、物力、财力换取一套纸质文件，而对企业的经营管理没有益处，实际上是得不偿失的。这也是工信部一致提倡企业要"本质贯标"的初衷。仅靠编写一套体系文件，对工作记录进行简单整理可能也会通过审核，拿到评定证书。对企业而言，却是"形式贯标"，弊大于利。

企业要实现本质贯标，就要从企业高层开始，自上而下对信息化和工业化的深度融合形成深刻认识，并在实际工作中加以重视。两化融合管理体系涉及信息化规划、项目管理、体系建设等多领域工作内容，如果贯标辅导机构仅有某一方面的经验是远远不够的。所以我们建议，贯标试点企业在选择辅导机构时要对以下几点加以考虑：

1）辅导机构的贯标经验，尤其是两化融合贯标经验积累情况，是否有过对同行业企业的贯标经历，将有助于辅导机构更好更快地理解企业的业务现状，进行针对性的体系设计。

2）辅导机构确定的交付团队组成，是否包含信息化专家、项目管理专家、体系建设专家、变革管理专家。交付团队有上述专家做后台支持，才能确保交付质量，企业才能真正得到贯标的益处。

3）辅导机构的贯标交付方法论是否得到贯标评定机构和两化融合服务联盟的认可，这是衡量辅导机构交付能力的重要指标。

4）价格不是关键！要考虑交付团队提供的交付成果、项目上的人天工时、团队的人员素质、甲乙双方的工作分解情况等因素。

综合考虑以上因素，A公司最终选择了咨询机构3，并与之签订了服务合同，携手开展贯标工作。

咨询机构为A公司制定了详细的贯标工作计划、关键里程碑时间节点、交付成果等工作内容，预计用半年左右的时间完成贯标工作，进入评定阶段。

第二节 场景二：贯标启动

A公司的两化融合贯标启动会最终确定在5月1日召开。信息管理部的小周在赵部长的指示下，在OA系统中通知公司各部门部长参加启动会。按照两化融合贯标要求，企业要成立两化融合领导小组和工作小组来推进贯标工作，并要指定管理体系的最高管理者和管理者代表。这让小周犯了难，如何确定相关的人员安排，才能确保贯标工作落到实处？

点评：

两化融合管理体系涉及面广、工作繁杂，一般企业都会选择信息化主管部门牵头组织贯标活动，也有的企业会选择企管部等组织架构、业务流程主管部门来负责。大型集团企业也有选择集业务流程、战略规划、集团管控职能于一体的变革管理中心来统筹协调贯标工作，效果会更好。

两化融合是沿着企业战略、可持续竞争优势、信息化环境下新型能力为主线展开的顶层设计，是典型的"一把手工程"。所以，企业的"一把手"一定要主管两化融合相关工作。我们建议最高管理者可以由负责公司整体经营管理工作的总经理担任，同时兼任两化融合管理体系贯标领导小组组长。总经理办公会的成员组成两化融合管理体系贯标领导小组。

领导小组的管理职责为：

1）负责两化融合管理体系的建立、实施、评定、监测与测量、保持与改进过程的领导决策、组织管理、资源保障、管理评审工作。

2）负责通过两化融合管理体系专题会议，并对两化融合管理体系的建立、实施、保持和改进进行协调，推动两化融合管理体系在企业内部的实质贯标。

3）负责对两化融合管理体系的执行情况进行监测，组织两化融合管理体系的管理评审，识别两化融合改进的机会及两化融合管理体系变更的需求，以确保其持续的适宜性、充分性和有效性。

管理者代表一般是由企业的CIO，主管信息化或生产的副总级别领导担任，同时兼任企业两化融合贯标工作小组组长。各相关部门部长组成两化融合管理体系贯标工作小组。

工作小组的职责为：

1）负责两化融合管理体系的培训、实施、保持与改进工作。

2）协助编制两化融合管理体系各项文件。

3）负责公司两化融合管理体系文件清单的建立，两化融合管理体系所需资料记录的收集和保存。

4）协助两化融合管理体系的内部审核，包括内审审核计划编制、内审检查表编制、内审实施及审核报告。

5）协助两化融合管理体系的管理评审，并通过持续改进措施对不合格项进行整改。

按照以上建议，小周理顺了工作思路，拟定了两化融合管理体系贯标领导小组和工作小组成员名单，并草拟了管理者代表（钱总）任命书，由最高管理者签字发布。

在 A 公司贯标启动会上，最高管理者孙总阐述了自己对两化融合工作的理解，对公司贯标工作提出了总体要求，并明确各部门要积极参与，参与程度与绩效考核挂钩，实施对应的奖惩措施，确保各部门在两化融合贯标工作中的投入。CIO 钱总宣布了领导小组和工作小组成立的通知，要求信息管理部牵头，组织好公司的贯标工作。

贯标启动会后，贯标辅导机构组织相关部门人员进行了管理体系标准条款的培训，使大家掌握两化融合管理体系的基本概念，明确自身工作与两化融合之间的关系。培训之后留存线索，并通过考试来帮助大家巩固培训成果。

第三节 场景三：现状调研

A公司的贯标项目启动会后，贯标辅导机构和A公司一起开始了具体的贯标工作。为了更细致地了解公司的两化融合现状，贯标辅导机构与信息管理部赵部长和小周制定了详细的访谈提纲，计划对企业的管理现状做一个整体摸底调查。那么，调研阶段的工作应该如何具体开展？有哪些注意事项呢？

点评：

调研是对企业的两化融合现状与管理体系之间的差异进行初步了解的过程。这个过程不仅是贯标辅导机构需要做的工作，企业如果自行开展贯标，也不能跨过这个环节，同样需要踏踏实实地进行现状调研。

需要调研的有以下几个方面的工作：

1）企业长期发展战略、年度经营目标。

2）企业的使命、愿景、价值观等内容。

3）企业自身具备的资源能力及外部市场机遇威胁。

4）企业已经通过的其他管理体系认证情况。

5）企业的组织结构、部门职责、人员安排等状况。

6）企业工业化和信息化方面的资金投入、人员保障情况、设备设施概况、信息系统使用状况、网络部署及信息安全状况。

7）企业在管理职责、基础保障、实施过程、评测改进等方面与标准一致或相近的工作，同时发现哪些环节还有不足。

调研的形式可以采取多种方法，一对一的面谈可以，问卷调查也可以，或者进行座谈研讨会的方式，与行业内先进企业的对标研究也可以。两化融合管理体系的调研可以采取以上一种或几种方式结合开展。

因为两化融合工作涉及企业自上而下各个层次的工作，所以访谈的对象要包括企业的高层管理者、中层部门领导、基层管理干部和关键岗位骨干员工。

经过贯标辅导机构和 A 公司的共同研讨，确定了各部门的访谈提纲，组织了企业的初次调研访谈。经过双方近一个月的努力，获取了充分的企业两化融合现状信息，为以后的对标诊断和体系策划工作奠定了坚实的基础。

第四节　场景四：对标诊断

企业的两化融合工作现状与体系标准之间的对应关系如何？企业处于什么样的两化融合发展阶段？企业有哪些薄弱环节的工作需要在贯标过程中加以识别和加强？企业原有的能力与核心竞争力体现在哪些方面？现有的能力和优势能否支持企业战略的实现？

经过现状调研之后，信息管理部的小周和赵部长与贯标辅导机构一起开始了对标诊断工作，尝试对以上问题进行解答。

点评：

对标诊断是两化融合贯标中的一个重要环节，贯标首先要进行对标，寻找企业实际操作与标准的契合度，寻找改进的方向。

目前，贯标试点企业可以通过中国两化融合服务平台的评估诊断系统开展自评估。根据企业生产特点，选择相关行业，系统会自动生成问卷，根据企业的制造类型（流程型还是离散型），会有不同的评估问卷提供给企业，企业按照自身的实际情况进行选择填报，完成约120道题，系统会自动评分并提示企业的两化融合发展阶段。

根据《工业企业信息化和工业化融合评估规范》（GB/T23020-2013），对企业的两化融合发展阶段做了划分，分别是起步建设、单项覆盖、集成提升、创新突破四个阶段。企业的评估问卷得分会对应不同的发展阶段。

有的企业在认识上存在误区，认为自己的生产自动化程度或者办公自动化程度高，上线的系统多，两化融合的发展阶段就一定高，实际上并不存在这样的必然性。两化融合是一个管理方法论，核心点在于工业化和信息化的深度融合，系统多、自动化程度高可能只是说明单项应用比较好。真正的创新突破阶段是将两化融合管理体系的系统化、过程化思维应用于企业管理，并取得较高的绩效。

另外，企业的规模和两化融合的发展阶段也没有必然的联系。企业规模大，不见得两化融合的程度就高；企业规模小，不见得两化融合程度低。在信息化大潮下成长起来的企业，更容易将系统化的管理理论应用于自身的两化融合工作，取得较好的经济和社会价值。

企业的两化融合发展阶段与能否通过最终的贯标评定，也不存在直接的对应关系。但2017年以来，如果现阶段参与评定的企业只是起步建设阶段，后期通过评定可能会比较麻烦；评定机构内部会对企业营业收入和人数进行评价，如收入1亿元以上、200

人以上，但不对外公布；现有评估企业两化融合发展阶段分布为起步建设33%、单项应用47%、综合集成15%、协同创新5%；不同的企业在不同的两化融合发展阶段会有不同的要求和绩效体现，关键是看信息化和工业化融合的思想和做法有没有在企业落到实处，并严格执行。

由于目前的两化融合评估系统还没有按照行业、产品进行细化，所以在部分问题的设计上不能完全体现行业和产品的特征。企业可以在此基础上，结合自身的特点，完善一套属于自己的"量身定做"的评估系统。

评估完成后，根据系统生成的报告，企业可以看到自己与同行业平均水平、全国企业平均水平在具体项目上的对比。在具体的一级指标和二级指标上，与同行、全国平均水平存在什么样的差距。附表是一个设备制造企业（离散大批量）的评估报告示例。

企业诊断工作主要围绕经营管理活动是否打造了信息化环境下的新型能力？新型能力是否支持获取可持续的竞争优势？如果没有形成相应的能力和竞争优势，原因在哪里？企业应该从哪些方面对两化融合工作进行改进和完善？将评估报告中体现的薄弱环节弥补起来。

第五节　场景五：体系策划

A公司在完成了半个月的对标诊断工作之后，明确了两化融合工作的努力方向，接下来就是管理体系的分析与策划。A公司作为一家成立20余年的制造型企业，已经先后通过了ISO9001质量管理体系认证、ISO14000环境管理体系认证、OHSAS18000职业健康安全管理体系认证，以及多项国际国内产品认证。企业的战略管理工作到位，制定有五年发展规划及年度经营滚动计划。完善企业的管理规章制度，执行到位。

这种情况下，应该如何进行两化融合管理体系的策划工作？

点评：

两化融合管理体系中有两处策划，一个是标准5.6两化融合入管理体系策划，也就是体系策划；另一个是7.2的策划，主要是实施过程的策划。5.6的策划主要是企业新建两化融合管理体系时所做的策划活动，7.2的策划主要是明确了需要打造的新型能力，要进一步细化和明确整个实施框架的操作。

2014版的策划部分，在2017版里面统一合并成一部分内容；完善了PDCA的闭环管理，将策划P的内容进行统一管理。

章节名称：策划，包括能力的识别和确定、能力目标的确定、两化融合实施方案的策划。

体系策划工作主要包含以下几个关键点：

（1）企业战略与两化融合方针。

部分企业建立了完善的企业战略，明确了企业的愿景、使命、价值观等内容，有明确的战略目标、战略发展重点清晰、战略举措切实合理，并对全员进行了宣贯，使得各层次员工都能理解并自觉与公司战略保持一致。这是值得提倡的做法。

有的企业没有明确的企业战略，就需要企业与贯标辅导机构一起做研讨、分析、提炼等工作，将两化融合相关工作也在战略中体现出来。这也是前面提到的贯标辅导机构中应该有战略规划方面的专家，这个时候就可以提供专业性的指导意见。

两化融合方针是企业实施两化融合活动的总纲领，企业具体的两化融合活动应该在方针的指导下进行。两化融合方针的提出需要与企业战略保持一致性，不能与企业发展战略相悖。同时，要以获取可持续竞争优势为关注焦点，以提升企业在市场竞争中的核心竞争力为目的。另外，两化融合方针要跟随企业战略进行动态调整，不同的发展战略要对应不同的方针，体现新的内涵。

（2）可持续竞争优势。

企业要结合自身的资源能力与外部的机遇威胁，综合运用SWOT、五力模型、关键成功要素法、价值链模型、标杆比对等工具，去寻找和挖掘企业的可持续竞争优势，这些优势可以是企业通过长期的经营活动已经获得，但需要继续保持的，也可以是企业目前不具有，需要通过两化融合管理活动着力获取的。比较典型的可持续竞争优势有：技术研发、成本优势、客户服务、营销模式等方面。可持续竞争优势要与企业战略有对应关系，也就是说，可持续竞争优势的获取要可以支撑战略的达成。

（3）信息化环境下的新型能力。

在信息技术大量涌现的今天，企业管理也要借助新兴的信息通信技术，如云计算、大数据、物联网、移动互联网等技术，为促进企业的两化融合实施提供助力。

企业的新型能力打造是一个任重道远的过程，也是一个逐步改进、持续优化的过程。企业应结合两化融合评估报告，识别当前和未来一段时间内应加强和完善的薄弱环节，这也是新型能力打造的方向。应明确这些活动需要开展的优先级和时间节点，从业务流程、组织架构、技术、数据四个方面描述所采取的具体措施和活动细节。典型的新型能力有：生产管控类能力、经营管控类能力、供应链管理类能力、用户服务类能力、研发创新类能力、财务管控类能力等。

新型能力与可持续竞争优势也要有对应关系，才能体现"战略–优势–能力"的核心打造路线。

（4）两化融合目标。

两化融合目标可以结合企业的发展战略，以及新型能力打造过程的阶段，分别提出总体目标和阶段性（年度）目标。

目标要符合 SMART 原则，即明确、可测量、可达成、相关性、时限要求。只有可以测量和明确的目标，才能实现过程的监控；目标要与信息化环境下的新型能力和可持续竞争优势的形成有关，不能设置不相干的目标；目标也要有完成时限，没有时间节点的目标是没有价值的。这是企业在设定两化融合目标时应该重视的几个问题。

（5）厘清管理职责。

在两化融合管理体系中，最高管理者一般由企业的总经理担任，管理者代表一般由企业的 CIO 或者主管信息化工作、生产自动化工作的副总担任。各级中层领导和基层领导是执行具体两化融合工作的主力。

最高管理者的主要任务是确保将两化融合在组织战略层面进行安排和部署，始终紧跟信息化时代发展潮流，确保组织的战略及两化融合总体上实现与时俱进。具体职责包括对企业实施的重大两化融合管理活动进行拍板决定，比如确定两化融合的方针、任命管理者代表、参与识别可持续竞争优势与信息化环境下新型能力、确定两化融合总体目标、主持两化融合管理评审等。可以参照体系标准要求里面最高管理者职责内容八条。

管理者代表的主要任务是经过充分授权的情况下,对两化融合相关工作进行合理统筹和坚强执行。具体职责是对具体的两化融合实施工作进行协调。比如参与识别可持续竞争优势与信息化环境下新型能力、确定两化融合阶段目标、主持两化融合内部审核等。可以参照体系标准要求里面最高管理者职责内容八条

各级领导负责两化融合具体活动的开展与实施、监视与测量、持续优化与改进等工作。

(6) 必要的基础保障。

"兵马未动,粮草先行。"不管开展什么工作,都需要必要的基础保障工作,实施两化融合也一样。

两化融合的基础保障有五项,分别是资金支持、人才保障、设备设施、信息资源、信息安全。详细内容参见五项基础保障内容。

(7) 建立评测改进机制。

任何管理体系都需要持续改进、不断优化,都是一个 PDCA 的循环提升过程。两化融合评测和改进的方法主要有六项,分别是评估与诊断、监视与测量、考核、内部审核、管理评审、改进。详细内容参见六项评测改进方法。

通过对上述内容的详细考虑,结合 A 公司的实际情况,赵部长和小周同贯标咨询机构一起,组织召开了数次由最高管理者和管理者代表参加的研讨会,将以上策划关键点确定下来,形成报告,为后期的实施工作提供指导。

第六节　场景六：文件编写

经过了贯标启动、现状调研、对标诊断、体系策划几个阶段，A 公司两化融合管理体系进入文件编写阶段。小周又有了新的困惑：A 公司已经通过几个体系认证，也建立了几套独立的管理体系文件，每个管理体系都有独立的管理手册、文件化信息控制程序等资料。两化融合管理体系文件与其他管理体系文件的关系怎样？如何处理？是不是要从零开始编写一套体系文件？

点评：

建立文件化的管理体系是管理体系实施的一个重要环节。只有将管理体系标准要求以文件化、制度化的形式确定下来并作为企业的管理制度发布，管理体系的各项要求、条款才能真正与企业经营管理融合在一起，成为企业全员执行的守则和规范。

需要注意的是，两化融合管理体系与其他管理体系是可以兼容的，两化融合管理体系不排斥其他管理体系。所以，两化融合管理体系文件编写时，也要注意在企业原有的管理体系文件基础上进行继承、融合、发展。比如文件控制程序、记录控制程序、内部审核控制程序、不符合纠正预防措施控制程序是所有管理体系的"标配"，编写两化融合文件化信息控制程序时也可以参照企业原有其他体系文件的内容进行调整。其他涉及管理职责、基础保障、实施过程、评测改进相关条款要求的文件化信息控制程序编写，则要结合企业的实际情况编写。目前的关注在于对两化融合相关文件化信息的管控，三合一、四合一体系合并后，未来将考虑对企业所有文件化信息化进行标准化管理，实现文件化信息的标准化和统一管控。

我们在为客户提供贯标服务的时候发现，部分企业将之前通过体系认证的而管理体系文件做了整合，编写了企业级别的"三合一"（质量、环境、职业安全与健康）文件。在文件化信息控制程序汇编中编写了一个对照表，将相关体系条款要求与文件的章节进行比对，为方便查找相关体系文件提供索引。

原定三体系审核时间平均每个体系准备＋审核＋整改最少2~3个月时间，三体系顺次开展至少6~8个月。三体系合一之后，采用集中审核形式，将准备＋实施＋整改工作并行，1~2个月足矣。

我们建议在初次贯标时，两化融合管理体系单独建立一套体系文件。一是因为两化融合管理体系关注点比较宏观，与其他体系不同；二是为了便于外部评定机构的审核检查。在企业运行一段时间之后，可以考虑将两化融合管理体系文件与其他体系文件进行整合，做成一套统一的"四合一"文件。

对于已有的制度文件，可以采取直接引用的形式，如资金投入（预算管理、资金使用过程监管）、人才保障（招聘、培训、绩效、激励）、设备设施控制（信息化＋工业化设备设施全生命周期管理）、协调与沟通（内外部沟通协调）、文件化信息控制（文件、记录管理），以免企业重复编写相同内容，造成制度的冗余和二次作业。

实际贯标时，我们会组织企业进行几次培训和研讨，主要会对企业现有管理体系进行了解、对两化融合管理体系标准条款进行详细解读、对文件编写的方式方法进行培训、对文件编写的分工与职责进行分派。

两化融合管理体系文件大致分为四级：第一级管理手册；第二级文件化信息控制程序；第三级作业文件；第四级记录表单。管理手册要确定两化融合实施的职责和途径，明确公司的两化融合方针、目标及相关职责安排；文件化信息控制程序是使企业内所有与两化融合相关的工作流程得到明确规定，并留下相关记录；作业文件是对两化融合作业进行规范性的文件，具体指出相关的作业指导与要求；记录表单是执行两化融合活动所填写的相关记录、表单的标准格式。

按照以上的工作思路，贯标辅导机构与A公司相关部门领导、工作小组成员经过多次研讨、培训，经过一个多月的工作，顺利完成了A公司的两化融合管理手册、文件化信息控制程序、作业文件汇编、记录表单汇编等文件。经过各相关业务部门的联审联签，最后由最高管理者孙总签署了发布令，对所有两化融合体系文件进行发布公示，要求公司全员遵照执行。

第七节 场景七：启动试运行

从贯标启动到文件发布，两个多月时间已经过去了，信息管理部小周作为贯标工作的主要协调人员每天都忙碌而充实。看到贯标工作已经完成了体系建立阶段的工作，一种成就感油然而生。但是行百里者半九十，贯标工作还有很长的路要走，体系建立只是万里长征第一步，要使两化融合管理体系在A公司真正落地，产生实际价值，还需要公司全员切实遵守、认真执行。

在信息管理部赵部长和小周的协调下，A 公司准备召开一次试运行启动大会，正式启动两化融合管理体系的试运行工作。那么，试运行有哪些需要注意的环节？

点评：

体系文件编写完成，经最高管理者发布之后，就要通过试运行来检验体系文件的适宜性。工信部要求两化融合管理体系的试运行时间不能少于三个月。通过一段时间的磨合，使企业全员加深对体系的认识，并可以自觉按照体系文件的要求，规范自己的工作，满足体系的要求。

就像贯标启动会一样，召开由企业高层领导、关键部门负责人、主要职能部门和信息化岗位员工参加的试运行启动会很有必要。宏观上讲，从上而下营造一种学习、运用两化融合思维与方法的氛围，保证前期策划的工作内容得以落地。

试运行期间需要开展的主要活动有：

（1）培训。

两化融合作为一个新概念，有必要通过大规模的培训，使企业各层级的员工都能够入脑入心。人力资源主管部门可以根据企业的培训规划，增加两化融合相关知识的培训，组织公司级、部门级、班组级的培训计划，将培训层层深入。同时，可以组织各部门之间的学习体会交流，结合各部门、各岗位的实际工作进行互相学习。这样，构建纵向、横向交织的两化融合培训，使两化融合理念为全员所了解。

（2）宣贯。

企业可以通过内刊、报纸、OA 系统、官网、报栏等多种方式对两化融合相关知识进行宣贯。同时，结合国家和行业层面的两化融合最新动态，开展相关的宣传活动。

（3）考试。

为了确保培训与宣贯的效果，我们辅导的部分企业利用 E-learning 等网络平台，对全员进行两化融合知识的考核。设定及格达标的分数线，将两化融合考试成绩作为员工学习和成长的 KPI 指标之一，与奖惩挂钩。摒弃形式，注重实效，取得了不错的效果。

（4）实施。

可以先在试点项目和系统建设中实施两化融合的过程性方法，以观其效。两化融合管理体系的实施要本着"先固化、再僵化、最后优化"的思路，先将体系文件作为公司的规章制度推行下去，要求严格执行。员工在体系推广初期可能会有不适应，要慢慢转变观念和思路，坚决执行。在经过一段时间的磨合之后，确实发现有部分环节与企业实际情况不符的，再逐步进行调整和优化。

试点项目在运行的过程中，要注意按照策划、业务流程与组织结构优化、技术实现、匹配调整、数据开发利用、运行控制的步骤进行记录的收集与整理，保留企业试运行的证据。既可以为后面的外部评定工作提供记录证据，也可以作为正式运行的经验积累。

（5）优化。

两化融合管理体系是一套通用的管理规范。但是企业的实际情况千差万别，不同的行业、不同的产品、不同的管理模式都会对两化融合管理体系的适应性提出挑战。企业应该在两化融合管理体系标准要求之上，结合自身实际情况，对部分章节和条款提出自己的优化与改进。特别是在试运行项目能否打造信息化环境下的新型能力、新型能力能否支撑获取可持续竞争优势这两个环节进行全方位的考量。如果发现结果与预期存在较大差距，就要反思是否有部分工作执行不到位、体系文件规定是否水土不服。两化融合管理体系是一个开放创新的体系，管理体系自身也在不断地优化提升，所以企业根据自身情况进行的优化和调整也是允许的，而且是必要的。

（6）监测。

众所周知，企业某项能力的形成是一个长期的过程，在短时间内未必可以看到效果，这就需要建立一套细致的监视和测量机制，对两化融合的计划、实施、完成情况进行跟踪监测。当结果与预期存在较大差异时，就应该回头对自身的工作进行检视，以便发现改进和提升的机会。

需要增加过程性的内容，明确审核的要点，需要在文中明确试运行的目的、范围、各部门职责分工、周期。试运行期间开展的监视与测量（目标完成情况、实施方案的执行情况、四要素优化后制度执行情况）、项目资料搜集等内容。

通过贯标辅导机构的帮助，赵部长和小周结合 A 公司的情况制定了一套试运行方案，对上述工作进行了约定，并在公司 OA 系统中公示。经过三个多月的实际运行，取得了较好的结果。

第八节　场景八：内部审核

三个月试运行的时间很快过去，A 企业的贯标工作即将迎来首次内部审核。小周作为 A 公司的 ISO9001 内审员参加过企业的内部审核培训，对内部审核的方法有所了解。两化融合管理体系的内部审核与其他管理体系的内部审核有什么异同点呢？

点评：

正如前文所述，管理体系都注重 PDCA 的过程方法和系统管理思维。对整个管理体系如此，对具体每个环节的工作也是如此。根据我们的贯标辅导经验，内部审核工作要做如下安排：

（1）组织保障。

管理职责是两化融合管理体系的第一个管理域。不管做什么事情，首先要有人来做，组织保障很重要。根据我们的贯标辅导经验，企业应该成立内审小组，由管理者代表牵头，确定内审小组组长和内审人员，并以公司通告的形式加以明确。内审小组成员可以从各部门抽调，也可以由贯标工作小组成员担任。

（2）内审员培训。

对成立的内审小组成员进行内部审核方式方法的培训，这部分工作一般由贯标辅导机构组织开展。两化融合内部审核的方法与质量管理体系类似，可以互相借鉴。

（3）内审计划。

要形成详细的内部审核计划，涉及内审范围、内审依据、内审目的、内审频次等内容。同时需要制定详细的内审实施计划，明确内审员与需要审核部门的对应关系，要遵守交叉审核的原则，即审核员不能审核本部门的两化融合工作。要明确审核的时间、地点等内容。

（4）内审检查表。

制定详细的内审检查表。两化融合实施涉及的范围广、部门多，每个部门在两化融合实施过程中承担的工作也不同，不宜用一套统一的内审检查表进行审核，建议根据各部门的业务编制针对性强的内审检查表。

在实践中，内审检查表编制的内容须反复和审核员及受审核部门确认，在双方/三方都确认无误，并且对于内容细节都无疑问的情况下，才能更好地实施。

（5）实施内审。

内审员根据内审检查表对审核部门进行审核。重点检查两化融合管理体系的执行情况，检查相关人员对体系条款的掌握程度，对体系文件的执行情况，记录资料的保留是否符合文件要求，格式是否规范，内容是否完整。内审员应把各部门的实际情况仔细记录下来，形成原始的审核记录。

（6）不符合项。

对于各部门执行过程中存在的问题，内审员要开具不符合报告，指出不符合问题违反的条款内容。根据不符合的程度，判断是严重不符合还是一般不符合。受审核部门要对提出的不符合项进行原因分析，同时提出整改和解决方案，包括解决的时间、措施等。内审员在整改要求时间内对审核部门的整改情况进行跟踪验证，确保不符合项目的整改到位。

（7）内审报告。

内审员将内审情况提供给内审小组组长，由内审小组组长出具内审报告，对此次内部审核工作进行整体总结与汇报。内审报告应发送给企业的最高管理者和管理者代表、相关部门负责人等，督促不符合项目的整改落实。

赵部长和小周在贯标辅导机构的帮助下，历时两周，完成了

A 公司两化融合贯标的首次内部审核工作,并将相关的作业文档进行存档整理。

第九节　场景九:管理评审

内部审核结束后,小周开始考虑 A 公司的两化融合管理体系首次管理评审。在向管理者代表钱总汇报准备工作时,钱总提了几个问题:

1)内部审核和管理评审有什么相同点?

2)内部审核和管理评审有什么不同?

3)管理评审应如何开展?

带着这几个问题,小周向贯标辅导机构进行咨询。

点评:

内部审核之后,企业就要开始组织管理评审的准备工作。首先对钱总提出的三个问题进行解答:

(1)内部审核和管理评审的相同点:

1)内部审核和管理评审都是企业自行组织、开展的审核活动,都是管理体系评测与改进的重要环节。

2)最终目的都是为了对管理体系进行改进和优化。

(2)内部审核和管理评审的不同点:

1)主持者不同。内部审核会一般由企业的管理者代表主持,管理评审会议由最高管理者主持。

2)前提不同。内部审核是在企业已经建立的两化融合管理体系的框架内进行审核,主要针对实施过程进行审核;管理评审是对体系本身的充分性、适宜性、有效性进行审核。

3）时间先后不同。一般情况下，企业应该先开展内部审核活动，然后开展管理评审。内部审核结果要作为管理评审的输入内容和依据。

4）参加人员不同。内部审核主要由内审组长带领各部门内审员组成的内审小组开展工作；管理评审则由实施两化融合的各部门负责人参加，对体系的实施情况向最高管理者进行汇报。

（3）管理评审的工作程序：

1）制定管理评审计划，确定管理评审会议的时间、地点、参加人员、会议议题等。

2）会议组织者提前一段时间给参会人员发送会议通知，提示各部门负责人提前准备好汇报材料。

3）管理评审会议召开，由各部门负责人向最高管理者汇报，评审公司开展的工作能否支撑信息化环境下新型能力的打造、新型能力能否支撑可持续竞争优势的获取、竞争优势是否有助于企业发展战略的实现。对贯标工作开展以来两化融合目标的完成情况进行审视，对目标的实现情况进行分析，没有达成的要分析原因，并提出整改措施。

4）形成管理评审报告。将管理评审会议审议内容进行总结，由最高管理者进行签发，发送至各部门。对发现的不符合项目进行跟踪检查，确保整改到位。

按照以上工作思路，A公司顺利进行了贯标之后的首次管理评审，为管理体系的持续优化和改进奠定了基础。

第十节 场景十：外部评定

A 公司建立了两化融合管理体系，发布了管理手册、文件化信息控制程序等规范性文件，并经过三个月的试运行检验，体系运行情况良好。现在应该着手准备外部评定的申报事宜。那么，外部评定应该做哪些准备工作？外部评定的程序什么样？企业应怎样看待外部评定结果？

就以上问题，信息管理部赵部长和小周向贯标辅导机构进行咨询。

点评：

目前两化融合的评定工作遵照 GB/T23003-2018《信息化和工业化融合管理体系评定指南》执行。

（1）评定机构选择。

根据 2014 年 12 月 24 日《中国两化融合咨询服务联盟关于公布首批两化融合管理体系评定机构名单的通知》，首批两化融合管理体系评定机构共 10 家，分别是：

1）工业和信息化部电子科学技术情报研究所。

2）工业和信息化部电信研究院（现中国信息通信研究院）泰尔认证中心。

3）工业和信息化部电子第五研究所广州赛宝认证中心服务有限公司。

4）中国电子技术标准化研究院。

5）上海质量管理科学研究院上海质量体系审核中心。

6）中国船级社质量认证公司。

7）重庆海特克制造业信息化生产力促进中心有限公司。

8）中国电力企业联合会科技开发服务中心。

9）北京国金恒信管理体系认证有限公司。

10）江苏鸿信系统集成有限公司。

对于评定机构的选择，要根据企业的行业、产品特点有针对性地选择。同时，要考虑到贯标辅导机构的推荐意见。

评定机构确定之后，企业应与评定机构进行接洽，就评定的范围边界、审核时间等内容进行确认。同时，企业应填写评定申请表，编写审核汇报用的PPT文件。

（2）首次贯标评定程序。

评定机构的现场审核分为两个阶段：一阶段审核和二阶段审核。一阶段审核主要是评定机构对企业两化融合现状和贯标过程进行初步了解，以判断申请企业是否具备实施二阶段审核的基础；二阶段审核是评定机构对企业的两化融合贯标过程、体系文件、实施记录、绩效达成等情况进行详细审核。

针对企业存在的问题，评定机构可以根据不符合的情形出具不符合报告。不符合类型分为严重不符合和轻微不符合两种，如果出现严重不符合的情况，评定机构将会出具延迟推荐或不推荐的意见。

如果评定机构出具了轻微不符合报告，建议由企业和贯标辅导机构共同分析原因，制定整改措施，并在规定时间内向评定机构反馈整改情况报告。

在评定机构出具审核结论后，中国两化融合服务联盟会组织评定委员会对申请企业的申请材料进行复核。复核通过后，经过

15 个工作日的公示期，即可获得评定证书。

在 A 公司和咨询辅导机构的共同努力下，经过 13 个评定步骤之后，顺利获得两化融合管理体系评定证书。

（3）监督审核。

按照 GB/T23003－2018《信息化和工业化融合管理体系评定指南》规定，评定机构应在获证组织获得评定证书后的一定期限内进行监督审核。一般在 12 个月内进行一次跟踪审核，对获证组织自上次审核之后管理体系的覆盖范围是否有变化，运行体系的资源是否有变更，对上次审核之后发现的不符合内容的整改是否到位，两化融合的分解目标是否实现等内容进行监督。

（4）再评定。

两化融合评定证书的有效期为三年。三年之后，企业应重新申请评定。评定申请时，企业应向评定机构申明以下事项：

1）企业名称、地址有无变化。

2）体系评定范围有无调整。

3）新型能力的表述有无变化。

4）评定工作委员会和评定机构的名称、签印、地址、标志有无变化。

本章小结

观点：

场景类似，不同的企业侧重点不同，每个贯标咨询项目都需要重新定位、个性化思考，做到个性化服务。

复习思考题

如果你公司将两化融合管理体系贯标工作纳入本年度计划，请你构思你公司的贯标场景是什么情况。如果场景能提前在纸上预演，将极大地加快贯标咨询工作进度。

第七章
两化融合下一步工作重点

第一节 两化融合"十三五"规划

两化融合"十三五"规则的重点内容如下:

一、"十二五"两化融合发展成效——五方面成效

(1) 两化融合政策体系日臻完善。

"十二五"期间,工信部出台两化融合系列的相关政策:《关于深化制造业与互联网融合发展的指导意见》《关于积极推进"互联网+"行动的指导意见》《国家信息化发展战略纲要》。

(2) 两化融合对传统产业提升作用显著。

信息技术在研发、生产、经营、管理等环节的渗透不断加深,数字化研发设计工具普及率61.1%,关键工序数控化率45.4%。

制造企业在精益管理、风险管控、供应链协同、市场快速响应等方面的竞争优势不断扩大。

(3) 制造业智能化发展取得新进展。

生产设备智能化改造加快，综合集成水平持续提高，一批企业初步具备探索智能制造的条件，智能制造就绪率4.4%。

（4）基于互联网的新模式、新业态不断涌现。

新模式：大规模个性化定制、网络协同制造、服务型制造。

新业态：工业云、工业大数据、工业电子商务。

（5）信息技术产业支撑服务能力进一步夯实。

全球规模最大的宽带通信网络基本建成，自主研发的 EPA 实施以太网、WIA-PA 工业无线网络等被纳入工业控制网络国际标准。

集成电路、高性能计算、网络通信、基础软件等领域取得突破，云计算、大数据、物联网、移动互联网在重点行业应用不断加深。

二、两化融合"十三五"规划指导思想、发展思路、发展目标

（1）指导思想：创新、协调、绿色、开放、共享。

（2）发展思路：

1）主线是激发制造业转型动力、发展潜力、创新活力。

2）打造支撑制造业转型的创新创业平台。

3）培育新产品、新技术、新模式、新业态。

4）构建支撑融合发展的基础设施体系。

（3）发展目标：

改造提升传统动能，培育新动能，构筑精细、柔性、智能、绿色的新型制造体系。

三、"十三五"两化融合发展基本思路

· 既注重技术创新,也注重管理变革。

两化融合引领生产模式变革与两化融合引领组织方式变革双重作用,引领企业从数字化阶段迈向网络化、智能化阶段。生产模式变革将朝规模化、定制化、协同化、服务化方向发展;组织方式变革将朝扁平化、流程化、价值网络方向发展。

· 既注重改造提升传统动能,也注重培育发展新动能。

加快信息技术与传统产业渗透融合,改造提升传统工业能力;推进制造业与互联网融合发展,打造互联网时代新型能力。

· 既注重关键点突破,更注重系统能力提升。

· 既注重制造企业,也注重 ICT 企业和金融企业。

· 既注重继承发扬,也注重创新突破。

(1)"十二五"时期:

1)初步探索阶段:2009-2011年,整体思路是摸清现状、试点示范、典型引导。重点工作包括先进企业典型交流、行业两化融合评估和运行形势监测,国家级两化融合试验区。

2)重点突破阶段:2011-2013年,整体思路是聚焦传统产业改造升级,着重突破规划政策、专项资金、评估评价等问题。重点工作包括出台两化融合指导意见,设立两化融合专项资金、发布两化融合评估规范、组织深度行系列活动和重大成果展。

3)系统推进阶段:2013-2015年,整体思路是以管理体系为引领系统推进两化融合,涵盖传统产业改造、新模式、新业态培育、系统解决方案等。重点工作包括两化融合五年行动计划、

管理体系标准建设与推广、两化融合评估诊断与对标、工业云创新行动、互联网与工业融合创新试点、工业电子商务试点。

(2)"十三五"时期：

1）做好从点（企业）、线（行业）、面（区域）、体（全方位）的扩张。

2）大企业"双创"、中小企业"双创"、新型研发创新。

3）智能工厂、网络协同制造、个性化定制、服务型制造。

4）基于互联网的产品服务、工业电子商务。

5）系统解决方案、跨界融合、智慧集群。

6）两化融合管理体系、两化融合评估诊断。

7）智能装备、智能产品。

8）新四基（一软一硬一网一平台）、工业信息安全。

四、"十三五"两化融合发展目标

总体目标：2020年，全国两化融合发展指数增长约12%；两化融合集成提升与创新突破阶段的比率增长约15%，达到30%。

具体目标：

1）基于互联网的制造业"双创"体系不断完善。"双创"成为制造业转型升级新引擎、服务平台支撑能力显著提升，在线化、平台化和共享水平显著提升。

2）新型生产模式在重点行业广泛普及。关键工序数控化率达到50%

3）基于互联网的服务业态成为新的增长点。工业电子商务交易额达到10万亿元。

4）智能装备和产品自主创新能力大幅提升。新型智能硬件产品和服务市场规模达到万亿级。

5）支撑融合发展的基础设施体系基本建立。自动控制与感知技术、工业软硬件供给能力、工业云与智能制造平台、网络服务支撑能力。

五、"十三五"两化融合七大主要任务

任务一：构建基于互联网的制造业"双创"新体系，激发创业创新活力。

1）推动大企业"双创"发展——建立基于互联网的"双创"平台，推动基于平台的新型研发、生产、管理和服务模式；面向社会开放平台资源，不断丰富相关服务，促进创新要素集聚发展；围绕打造产业链竞争新优势，推动大企业加强与中小企业的多种形式协作，形成产业创新集群。

代表企业：中航爱创客、航天云网。

2）构建面向中小企业"双创"服务体系——完善中小企业"双创"服务体系；支持中小微企业创业创新的信息化应用服务；支持建设"创客中国"创业创新平台；积极发展众创、众包、众扶、众筹等新模式，培育"双创"生态系统。

代表企业：HOPE 开放创新平台。

3）发展新型研发创新服务——加快制造业创新中心建设，推动共性和前沿技术研发和应用，打造贯穿创新链、产业链的创新生态系统；推动检验检测、测试认证、知识产权、技术交易等专业研发服务的在线化和平台化，促进研发成果转化和市场拓

展；加强产学研合作，利用新一代信息技术平台，发展虚拟在线、敏捷高效、按需供给的新型研发服务。

代表企业：海尔、华为。

任务二：普及两化融合管理体系标准，创新企业组织管理模式。

1）加快两化融合管理体系标准普及推广——完善两化融合管理体系基础标准，制定新标准，研究制定引导企业互联网转型的新型能力框架体系和参考模型；组织两化融合管理体系的实施与推广，分行业、分领域培育一批示范企业；完善两化融合管理体系市场化服务体系，建立线上线下协同推进机制，加强政策引导和资金支持，加快形成评定结果的市场化采信机制。

2）持续开展两化融合评估诊断和对标——结合智能制造和"互联网+"新趋势，优化企业两化融合评估体系和评估模型，完善多层次的两化融合评估协同工作体系；建设企业两化融合评估大数据平台，周期性组织开展企业两化融合自评估、自诊断、自对标，形成区域、行业、企业等两化融合数据地图，提高政府精准施策、机构精准服务、企业精准决策水平。

任务三：推广网络化生产新模式，引领生产方式持续变革。

1）大力发展智能工厂——加快离散行业生产装备智能化改造，推动全面感知、设备互联、数据集成、智能管控，促进生产过程精准化、柔性化、敏捷化；加强流程行业先进过程控制和制造执行系统的全面部署和优化升级，推进能源管理中心建设，实现集约高效、动态优化、安全可靠和绿色低碳。

2）推进网络协同制造——加快网络、控制系统、管理软件和数据平台纵向集成，促进企业经营各环节的无缝衔接和综合集成，实现全流程信息共享和业务协同；推动企业间系统的横向集成，推进协同制造平台建设,提升产业链上下游企业间的协同能力。

3)推广个性化定制——推动家电、家具、服装、家纺、建材家居等行业发展动态感知、实时响应消费需求的大规模个性化定制模式;鼓励飞机、船舶等行业提升高端产品和装备模块化设计、柔性化制造、定制化服务能力,培育"互联网+"新型手工作坊等小批量个性化订制模式。

4)发展服务型制造——推动国家级工业设计中心建设;鼓励有条件的企业从主要提供产品向提供产品和服务转变;引导装备制造行业拓展总集成总承包、交钥匙工程和租赁外包等新业务;推动制造企业开展信息技术、物流、金融等服务业务剥离重组,鼓励合网能源管理、产品回收和再制造,排污权交易、碳交易等专业服务网络化发展。

任务四:培育平台化服务新业态,推动产业价值链向高端跃升。

1)培育基于互联网的产品服务:围绕提升智能产品在线服务能力,推动数字内容、电子商务、应用服务等业务资源整合,培育智慧家庭、智能家电、智能穿戴等领域的服务新业态。

深化物联网标识解析、工业云服务、工业大数据分析等在重点行业应用,支持食品、药品、危险品、特种设备、绿色建材等行业发展基于产品全生命周期管理的追溯监管、质量控制等服务新模式,构建智能监测监管体系,支持机械、汽车等行业发展产品在线维护、远程运维、智能供应链、协同研发等服务新业态。

2)大力发展工业电子商务:引导大型制造企业采购销售平台向行业电子商务平台转型,提高企业供应链协同水平;引导第三方工业电子商务平台向网上交易、加工配送、技术服务、支付结算、供应链金融、大数据分析等综合服务延伸,提升平台运营服务能力。鼓励发展跨境工业电子商务，完善通关、检验检疫、结汇、退税等关键环节"单一窗口"综合服务体系。推动建设集信息发布、在线交易、数据分析、跟踪追溯等功能为一体的智能物流平台，提高面向工业领域供应链协同需求的物流响应能力。

任务五：营造跨界融合新生态，提高行业融合创新能力。

1）提升系统解决方案能力。开展信息物理系统的相关基础关键标准研究，突破相关关键核心技术；构建 CPS 应用测试验证平台及测试床，组织开展行业应用试点示范；面向重点行业智能制造建设，加快培育本土系统解决方案提供商，加强适应重点行业特点和需求的优秀解决方案研发和推广普及。

2）创新跨界融合发展模式。支持互联网企业与制造企业合作，构建智能汽车、智能家电、数控机床、智能机器人等领域新技术体系、标准规范、商业模式和产业生态；推动中小企业制造资源与互联网平台全面对接，实现研发设计、生产制造和物流配送等能力的在线发布、协同和交易；支持制造企业与电子商务企业、物流企业、金融企业开展多领域合作，整合线上线下交易资源，打造高效协同的生产流通一体化新生态。

3）加快智慧集群建设。围绕制造业集聚区的集约化、网络化、品牌化提升改造，实施"互联网＋"产业集群行动，开展智慧集群建设和试点，打造智慧集群；开展制造业与互联网融合政策创新试点，形成制造业区域发展新模式。

任务六：发展智能装备和产品，加快形成新型服务业态及生产制造新模式。

1）加快发展智能新产品。推动低功耗 CPU，高精度传感器、新型显示器件、轻量级操作系统等智能产业共性关键技术攻关，促进创新成果快速转化；支持重点领域智能产品、集成开发平台和解决方案的研发和产业化，支持虚拟现实、人工智能核心技术突破及产品应用创新；发展智能汽车、智慧医疗、智慧交通、智能建材家居等新型智能产品的测试验证环境、示范运行场景和基础数据平台，提升监测认证公共服务能力。

2）做强智能制造关键技术装备。加快推动高档数控机床、工业机器人、增材制造装备、智能检测与装配装备、智能物流与仓储系统装备等关键技术装备的工程应用和产业化。优先支持航空航天、海洋工程、新材料等重点领域智能制造成套装备的研发和产业化，加快传统制造业生产设备的数字化、网络化和智能化改造。

任务七：完善基础设施体系，提升支撑服务能力。

1）"一硬"：夯实自动控制与感知技术基础。加强传感器关键技术研发和产业化发展；突破工业控制系统中关键器件和技术的发展瓶颈；加快核心芯片产业化，推进相关领域嵌入式处理器的研发和规模应用。

2）"一软"：发展核心工业软硬件。突破虚拟仿真、人机交互、系统自治等关键共性技术发展瓶颈，夯实核心驱动控制软件、实时数据库、嵌入式系统等产业基础；提升工业软件的研发和产业化能力，加强软件定义和支撑制造业的基础性作用；支持信息物理系统关键技术测试验证，推动工业软硬件与工业大数据平台、工业互联网、工业信息安全系统和智能装备的集成应用。

3）"一平台"：提升工业云与大数据服务能力。突破通信协议、数据接口、数据分析等关键技术，提升工业云平台系统解决方案供给能力；创新工业云服务内容与模式，培育基于工业云的新型生产组织模式，加快工业数据服务平台研发和推广应用，推动大数据在产品全生命周期的应用，形成一批工业大数据解决方案，构建智能服务生态。

4)"一网络"：推动工业互联网建设。提升宽带网络能力，积极部署全光网，推进 5G 规模试验网建设和试商用进程；推动 IPv6 在物联网中的应用，持续优化互联网骨干网，实现国内骨干直联点与交换中心协同发展；开展工业互联网技术试验验证、工业互联网标识解析系统建设、工业互联网 IPv6 应用部署、工业互联网管理支撑平台等工作；加快推进新一代工业互联网设备、技术研发与产业化；研究制定工业互联网网络安全防护标准，加强网络侧安全技术手段建设，建立健全网络安全保障体系。

5)"一保障"：逐步完善工业信息安全保障体系。健全政策标准体系，研制工控安全审查、分级评估、职能产品关键信息安全标准及其验证平台；支持国家工业信息安全平台建设，加快工业信息安全工作体系，建立工业信息安全监管体系；支持研发工业信息系统、产品检测技术和工具，开展社会化工业信息安全测评服务，建立工业信息安全技术保障体系。

六、六项重点工程

（1）制造业"双创"培育工程。

1）大企业"双创"平台：依托重点行业优势企业，在研发创新、协同制造、产品全生命周期管理等领域开展"双创"平台建设及应用推广。

2）公共服务平台：支持基础电信企业、大型互联网企业联合共建资源开放、数据共享、创业孵化、在线测试、创业咨询等服务平台，为中小企业及个人开发者开展制造领域创新提供普惠服务。

3）众创空间：推动有条件的国家新型工业化产业示范基地和产业集聚区结合国家战略布局，以及产业发展实际与众创、众包、众扶、众筹等服务资源对接，建设各具特色、虚实结合的众创空间。

4）国家制造业创新中心：建设若干国家制造业创新中心，提供虚拟在线、敏捷高效、按需供给的专业化服务。

（2）制造业与互联网融合发展工程。

1）工业云平台：选择有条件的地区、行业、企业，建设多功能、集成化的工业云平台，开展工业云服务创新应用，培育社会化、共享化、网络化服务新模式。

2）大数据平台：聚焦能源精细化管理、供应链金融服务、产品全生命周期质量管理等，开展大数据智能分析平台、开放服务平台等建设及应用，发展大数据智能服务新模式。

3）大企业集采销平台：推动具有行业知名度的大企业开放集采集销平台，实现与供应链上下游企业间的互联互通，发现供需精准对接服务。

4）综合性电子商务平台：建设行业性和综合性电子商务平台，支持平台服务向多元化方向延伸，建立和完善工业电子商务运行形势监测分析体系。

（3）系统解决方案能力提升工程。

1）信息物理系统基础研究：研制信息物理系统（CPS）综合标准体系；建设 CPS 开发工具、知识库、组件库等通用平台；建设 CPS 测试验证平台和综合验证实验床。

2）精益研发：以船舶、机械、汽车等行业为重点，研制精益研发解决方案，建立研发与制造一体化平台，推广虚拟环境中的系统研发设计和验证服务。

3）智能工厂：聚焦石化化工、钢铁、有色、建材、航空、汽车、船舶、家电等行业，研制智能工厂解决方案，完善企业智能化生产体系。

4）供应链系统管控：针对装备、消费品等行业，研制供应链协同管控解决方案，为企业构建系统化、柔性化、智能化供应链体系提供支撑。

（4）企业管理能力提升工程。

两化融合管理体系贯标与两化融合发展数据地图：

1）分行业、分领域开展两化融合管理体系贯标示范，总结提炼贯标成果和经验，鼓励和推动各地开展省市级贯标试点示范工作，组织开展各类宣贯和培训活动。

2）推动企业以管理体系贯标为牵引实现管理模式创新和管理现代化水平提升，培育和提升精益管理、大规模个性化定制、供应链协同、市场快速响应、精准营销等核心竞争能力。

3）培育壮大贯标评定的市场服务队伍，推动完成贯标企业开展评定。

4）健全两化融合评估体系，依托中国两化融合服务平台建设两化融合大数据平台，每年推动各省级单位组织辖区内企业开展周期性两化融合自评估、自诊断与自对标。

（5）核心技术研发和产业化工程。

1）装备和产品智能化：围绕重大装备和产品智能化需求，搭建技术联合攻关平台，支持自动控制和智能感知设备及系统、核心芯片技术，以及新型显示系统的研发和产业化。

2）基础设施体系：重点扶持安全可控的工业基础软硬件、高端行业应用软件、嵌入式系统、新型工业 APP 应用平台、工业互联网网络设备、工控安全防护产品发展；支持企业探索工业互联网应用创新，开展工厂内外网络技术及互联互通、无线工厂、标识解析、Ipv6 等方面的应用示范。

3）信息技术服务标准：支持信息技术服务在个性化定制、产品全生命周期管理、网络精准营销和在线支持等领域的应用。

（6）工业信息安全保障工程。

1）搭建智能产品及装备信息安全测评平台：提升智能装备、产品应用安全水平和智能工厂信息安全保障能力。

2）工业信息安全产品应用推广：提升工业行业信息安全防护能力。

3）工业信息安全应急和攻防演练试点：提升工业领域信息系统安全漏洞可发现和风险可防范能力。

4）工业云、工业大数据信息安全检测和预警平台：防范工业领域信息系统的高级可持续威胁。

七、保障措施

健全组织实施机制：健全两化融合工作协同推进机制，明确规划落实的要求、目标和任务；建立两化融合发展的跟踪监测、统计分析、绩效评估和监督考核机制。

加大财税金融支持：利用现有专项资金，加大对两化融合工作支持；完善税收优惠政策，引导金融市场、社会资本加大对两化融合的投入和支持。

建立健全标准体系：加快建立完善两化融合标准体系，推动建立跨界融合标准化技术组织；支持联盟等社会团体制定两化融合领域团体标准，加快国际标准化进程。

完善人才培养体系：完善企业激励创新机制，创造两化融合优秀人才脱颖而出的有利环境；推动高校设立两化融合相关学科，将两化融合人才培养纳入教育体系。

加强国际交流合作：加强两化融合领域的双边、多边国际交流合作；结合"一带一路"重大战略，推动两化融合相关标准、产品、技术、服务等全链条"走出去"。

第二节　两化融合下一步

一、举旗定向

按照十九大精神做好两化融合发展顶层设计和实施。主要工作包括：

1）研究完善两化融合理论框架：新型基础设施、系统性解决方案、社会化组织管理、新模式、新业态。

2）研究新时代两化融合的新特征、新内涵、新要求。

围绕统揽两个强国建设的总纲：战略目标、发展理论、重点任务、工作机制。

以供给侧改革为现代化经济体系建设的主线：创新驱动路径、全要素生产率提升、新旧动能转换、生产要素变革。

围绕相关政策文件研究制定和落实：互联网、大数据、人工智能和实体经济深度融合政策文件；落实好《关于深化制造业与互联网融合发展的指导意见》和《深化"互联网＋先进制造业"，发展工业互联网的指导意见》。

二、完善标准组织，加速关键亟须标准研制

（1）建设完善两化融合管理标准化技术委员会。

团体标准：依托学会、协会、联盟，建立团体标准的推进机制。

国家标准：依托联盟开放研制标准，充分发挥两化融合管理标技委作用。

国际标准：国际标准化工作组牵头推动。

（2）两化融合管理标准体系：

基础术语、两化融合体系、技术支持、典型模式（企业数字化转型、网络化协同制造、个性化定制、服务型制造）、行业标准（石化、机械、轻工、电子、能源、交通、医疗、农业等）。

（3）拟修订的标准化项目：

· 两化融合生态系统模型。

· 两化融合管理体系新型能力体系指南。

· 两化融合绩效实现与评价指南。

· 中小企业两化融合管理体系应用指南。

· 集团性企业两化融合管理体系应用指南。

· 两化融合管理体系网络化协同制造指南。

· 两化融合管理体系个性化定制指南。

· 两化融合管理体系服务型制造指南。

三、全面推动两化融合管理体系贯标，持续打造企业可持续竞争力

（1）全面普及：

全面推动两化融合管理体系贯标：深化贯标试点；央企、大企业推动下属企业、供应商贯标；开展小微企业贯标试点和普及推广。

广泛深入开展贯标培训：完善培训体系；分层次、分类别、分渠道开展培训；培育新型企业家。

分行业组织开展贯标示范：围绕重点行业开展贯标行业示范工作。

（2）深度应用：

探索面向新工业革命的管理模式：探索推进制造强国、网络强国建设的新理念、新规律、新方法，以新模式打造中国制造新品牌。

持续打造企业新型能力：制定企业新型能力规划，建立一体化管理体系。

建立数据集成与创新中心：增强企业数据自动采集、传输、运行和优化水平，实现纵向集成、横向集成及产品全价值链和全过程集成共享。

四、持续建设两化融合发展数据地图，推动分级分类发展

建设面向两化融合的工业大数据公共服务平台，形成基于两化融合发展数据地图的分业施策新模式。

·完善评估体系和模型：两化融合水平与能力评估、两化融

合效能与效益评估。

·持续开展自评估：2015 年 54246 家企业，2018 年 101094 家企业，2020 年预计 150000 家企业。

·做到政府精准施策、企业精准决策、行业精准引导、市场精准服务。

五、推动企业数字化转型，探索产业创新发展的系统性解决方案

从企业、行业、区域不同层面，开展评估对标、战略规划和路线图、试点、系统解决方案研制、示范、全面推广等工作，促进企业核心竞争力全面提升、行业实力整体提升、产业集聚区全面转型。

六、支撑工业互联网平台建设，以数据为核心推进协同攻关和共建共享

坚持"建平台"与"用平台"双轮驱动，"建生态"与"补短板"相互协调。

开展工业互联网平台评级和示范推广：以平台实际应用成效为导向，研究制定平台发展评价引导体系；创新方式对示范平台建设及推广应用给予重点支持。

推动平台间数据开放共享和共性技术攻关：搭建公共性基础能力平台；开发大数据分析建模工具，建立对异构平台数据动态组合、优化迭代、集成创新能力；针对共性需求和瓶颈环节，联

合攻关；确定关键亟须标准，开展研制和应用推广。

以价值牵引工业企业用云上云：研制工业互联网平台企业应用实施指南，明确工业企业应用平台的方法体系；挖掘工业企业核心需求和问题，培育工业互联网平台撒手锏应用，促进平台规模化发展。

营造公平有序的发展环境：建立服务评价、应用诊断、咨询培训、评级采信等一套全流程服务体系，支撑政府监管和平台应用推广。

七、健全开放写作的市场化服务体系，提升服务能力和质量

培育服务队伍：培育高质量服务机构、研制技术指导规范、分级分类培育专业服务人才、骨干企业内部服务剥离。

提升服务能力：多领域综合服务、服务产业融合、综合解决方案。

建立全流程开放服务机制：加强全流程指导、服务和管理，不断优化服务机制，持续开展服务信息公开与动态评级、信用体系和自律机制建设。

构建平台化服务体系：服务聚集资源，供需精准对接。从评估诊断、贯标跟踪、咨询服务、评定管理、知识经验传播共享。

从而做到广泛提升社会认可度：各级政府、央企、龙头企业、社会组织等不同主体，开展供应商遴选、授信采信、投融资、招投标等。

推动系统解决方案研制与应用：面向个性化需求，研制两化

融合系统解决方案，支持建设系统性解决方案服务支撑平台。

八、持续开展宣贯交流活动，促进形成两化融合创新推进的新氛围

点——企业：开展成果评选与推广。

线——行业：行业示范与对标（行业试点示范、经验交流、整体提升）。

面——区域：省市宣贯与拓展；高峰论坛：工业互联网平台和安全体系建设，全球人工智能应用创新峰会、贵阳大数据博览会、两化融合深度行——埃森哲企业数字化转型论坛、工业互联网创新峰会、福建省两化融合大会。

体——总体：两化融合大会，互联网、大数据、人工智能和实体经济深度融合。

本章小结

观点：

（1）两化融合"十三五"，大有可为。

（2）两化融合下一步持续开展自评估企业数量：2015年54246家企业，2018年101094家企业，2020年预计150000家企业。

（3）围绕统揽两个强国建设的总纲：战略目标、发展理论、重点任务、工作机制进一步开展工作。

（4）以供给侧改革为现代化经济体系建设的主线：创新驱动

路径、全要素生产率提升、新旧动能转换、生产要素变革等开展工作。

复习思考题

（1）两化融合"十三五"规划中，你的企业所在行业在七大任务、六项工程里吗？

（2）你的企业下一个阶段的新型能力将会在哪个领域打造？

附录 2018 两化融合推进大会两化融合咨询机构代表发言

12月14日，2018年两化融合推进会在国家会议中心召开，金蝶软件（中国）有限公司商业服务部高级总监王叶忠分享了金蝶四年多来在全国推进和深化两化融合管理体系贯标咨询服务的经验和体会，题目是《深化认识，提升质量，创新咨询——金蝶两化融合管理体系贯标咨询服务经验》。

（1）提升转型期制造业可持续竞争力是贯标咨询服务的出发点。

"今年以来，国内企业已经感受到全球竞争、市场与技术变革的严峻性，我国企业传统的成本竞争优势不复存在，中美制造业成本水平已经持平，提升我国企业的可持续竞争优势刻不容缓。在此背景下，两化融合管理体系以获取可持续竞争优势为关注焦点，得到了越来越多企业的认同。"王叶忠首先强调了两化融合管理体系满足了当前企业的急需。

随后，王叶忠援引了一家世界500强企业的贯标咨询服务案例，说明了两化融合管理体系切中目前制造企业的核心关切点。越来越多的企业在战略选择过程中，将开放、融合、共享、智慧、创新等理念作为主要方针，将两化融合管理体系九项管理原则的严格执行作为企业高层的关注点。金蝶正是抓住了两化融合管理体系的这一根本价值，探索出了一条贯标咨询服务机构的高价值发展之路。

（2）提升服务质量是贯标咨询服务健康发展的必由之路。

"两化融合管理体系贯标咨询服务的质量，不是体现在咨询服务机构是否帮助企业获取了证书、拿到了政府扶持资金，而是体现在两化融合管理体系与企业战略是否匹配、价值是否有效、标准是否符合、资源保障是否到位等方面"，王叶忠介绍金蝶贯标咨询服务团队以帮助企业有效构建两化融合管理体系、提升新型能力为目标，建立起一套有效的贯标咨询服务质量保障体系，从企业全局推动企业有效转型，指导企业有效开展两化融合治理工作。

王叶忠尤其强调了两化融合管理体系贯标咨询服务一定要坚持正确的价值导向。当前两化融合管理体系贯标咨询服务市场鱼龙混杂，存在形式贯标现象。金蝶始终将"价值有效"作为服务底线，在被客户选择的同时，也要选择客户，关注客户企业的高层参与程度，以及开展贯标工作是否能为企业带来切实的价值。为客户企业创造更高的价值，能够提高客户对咨询费用的支付意愿，而低价值同样也意味着低价格。"价值导向是我们的生存之本，我们会主动放弃一些形式贯标、不能真正共同创造价值的项目，因为这样的项目对客户、对金蝶都不能创造价值。"

（3）加强贯标咨询服务人才队伍培育、流程体系建设是提供优质服务的坚实保障。

王叶忠介绍，为落实两化融合管理体系贯标咨询服务质量方针，金蝶从两化融合管理体系贯标咨询服务的交付人员、项目培训、联盟生态、技术伙伴等方面建立了自己的服务生态。"交付方面，我们对贯标咨询服务人员的专业结构进行了有针对性的配置，针对企业当前打造研发创新、供应链管理等六项核心新型能力的需求，进行了人员结构的优化，六项新型能力涉及的方向都配备了专业人才，确保能为不同类型的企业提供高水平的能力规划和实施落地的咨询服务。"金蝶同时在广东省、深圳市、天津市、太原市等地与当地工信部门合作，推动地区联盟的建设，将贯标理念、贯标经验与当地贯标咨询服务机构和贯标企业共享。

持续优化完善贯标咨询服务流程、方法和工具，同样能够有效提升贯标咨询服务质量。王叶忠介绍，金蝶分四个阶段，优化形成了一套较为成熟的两化融合管理体系贯标咨询服务流程和方法：

一是在体系建立阶段，要通过战略及可持续竞争优势研讨，与高层达成共识。对于很多企业来说，要真正识别和规划与企业未来发展战略相一致、符合行业发展方向的新型能力仍然是存在困难的。

二是在体系实施阶段，形成了金蝶两化融合咨询服务指导框架 Kingdee Ⅲ Way，针对企业两化融合管理体系贯标全过程给予工具和方法的指导，并在体系试运行过程提供全方位辅导，确保企业试运行过程的有效推进。

三是在评定阶段，金蝶通过建立起一套项目管理数字灯控系统，全面了解企业在不同贯标阶段可能出现的问题，并快速反馈和及时处理，为评定准备和评定执行过程奠定良好基础。

四是在保持和改进阶段，构建起一套对贯标企业进行持续关怀的模式，在帮助企业通过评定后，持续跟踪企业贯标进程，从政策培训、复核辅导、评估改进等方面，为企业的持续改进和优化提供全方位服务。

（4）贯彻市场导向、持续创新战略是咨询服务不断发展的关键点。

王叶忠结合金蝶贯标咨询服务的发展历程，强调了金蝶在贯标咨询服务领域的品牌定位——市场导向、持续创新。"两化融合管理体系要求贯标企业持续改进，贯标咨询服务机构当然也需要持续创新、不断提升我们的咨询服务能力。"

王叶忠介绍，金蝶咨询服务持续改进的目标，是要从单一贯标咨询升级到两化融合管理体系贯标深度咨询服务。结合工业互联网、大数据、人工智能等技术，从战略落地、能力打造、技术创新、综合治理方面进行突破，为企业持续改进两化融合过程、为两化融合管理体系的价值落地提供支撑服务。

"两化融合管理体系贯标咨询给我们提供了很多思考和提升机会，我们希望通过咨询，能够帮助企业实现融合发展背景下的互联网与制造业融合新模式、新生态，帮助企业实现全价值链数据驱动、全网链接、透明运营、精准决策、快速响应、开放共享等，让两化融合管理体系的价值在企业全面落地。"王叶忠最后道出了金蝶致力于两化融合管理体系的初衷和追求。

参考文献

1. 中国企业联合会．创新领跑者——两化融合驱动的新模式、新业态［M］．北京：清华大学出版社，2017

2. 王建伟．大化无痕——两化融合强国战略［M］．北京：人民邮电出版社，2017

3. 柴邦衡．ISO9000 质量管理体系（第2版）［M］．北京：机械工业出版社，2014

4. 柴邦衡，刘晓论．ISO9001：2008 质量管理体系文件［M］．北京：机械工业出版社，2013

5. 中国质量协会．领跑中国智能制造时代（第二辑）［M］．北京：中国工人出版社，2017

6. 中国石化信息化管理部．两化融合发展实践与创新［M］．北京：中国石化出版社，2016

7. 吕海霞．双创服务平台的四种典型发展模式［N］，中国电子报，2017 - 11

8. 孙春艳，杨光，庄文静．生死海尔：冒死"折腾"改革变局［J］，中外管理，2014 - 4

9. 微信公众号：懂懂笔记，海尔总裁周云杰谈持续变革：要想出路就不能留后路，2017 年 3 月 27 日

10. 海尔数字科技网

11. 中国石化集团公司信息管理部，李德芳，"推进两化深度融合，打造世界一流企业"，2015 中国石油和化工行业两化融合

推进大会专题报告，2015 年 9 月 25 日

12. （美）埃德加·沙因. 马红宇，唐汉瑛 等译. 企业文化生存与变革指南［M］. 浙江人民出版社，2017

13. 两化融合联盟

14. 微信公众号：企业数字化转型生态圈

15. 工信部《信息化和工业化融合管理体系 + 基础和术语》（GBT + 23000 – 2017）

16. 工信部《信息化和工业化融合管理体系 + 要求》（GBT + 23001 – 2017）

17. 工信部《信息化和工业化融合管理体系 + 实施指南》（GBT + 23002 – 2017）

18. 工信部《工业企业信息化和工业化融合评估规范》（GBT 23020 – 2013）

19. 工信部《信息化和工业化融合管理体系 + + 评定指南》（国家标准报批稿）

20. （美）Machael J. Kavis. 陈志伟，辛敏译. 让云落地——云计算服务模式（SaaS、PaaS 和 SaaS）设计决策［M］. 电子工业出版社，2016

21. IBM 商业价值研究院. IBM 商业价值报告：大数据、云计算价值转化［M］. 东方出版社，2015

22. IBM 商业价值研究院. IBM 商业价值报告：社交化业务［M］. 东方出版社，2015

23. IBM 商业价值研究院. IBM 商业价值报告：物联网 +［M］. 东方出版社，2015

24. 科普中国网

后　记

本书是集体智慧的结晶。首先感谢两化融合管理体系专家组和联合工作组，感谢周剑先生，他是中国两化融合的拓荒者，本书第二章、第三章和第七章关于两化融合的基本思想和素材均来自周剑先生，向周剑先生致以诚挚的谢意！

感谢汉信研究院同事们的大力支持和辛勤付出。没有孔令鹏先生的坚定支持，本书恐怕至今还在计划中；李龙海先生是汉信两化融合贯标咨询的拓荒者，本书第六章的基本内容就是李龙海先生在实践中积累的；张华杰先生主要负责第四章和第五章的内容，他和张百荣先生一起把汉信近几年的两化融合贯标咨询实践经验总结出来；张百荣先生完成了本书的部分章节的校对工作。感谢博瑞森的李俊丽编辑，没有她的督促，本书也不会那么快付梓印刷。也感谢我的家人，在本书的编写过程中，他们的支持让我能心无旁骛地投入工作。

诚如前述，两化融合管理体系是帮助中国企业打造科技运用能力的一整套理论、方法和工具，我们对两化融合管理体系的认识也经历了一个由浅入深的过程，真心希望企业能在新的时代里塑造自身的科技运用能力，夯实工业化基础，用工业化推动信息化，用信息化带动工业化。

最后借用华为老总任正非的一段话共勉：

"不要妄谈工业4.0，工业自动化的堡垒还没跨过。我们应该走进新的未来时代，这个时代叫人工智能。首先，我们要强调工业自动化；工业自动化以后，才可能走进信息化；只有信息化后，才能智能化。中国走向信息化，我认为还需要努力。中国的工业现在还没有走完自动化，还有很多工业连半自动化都做不到。这个时候，我们提出了类似工业 4.0 的方案，比社会的实际发展超前，最后会成为'夹心饼干'。所以，我们国家要踏踏实实地迈过工业自动化。工业自动化以后，就不需要这么多简单的劳动者了。当前应从提高教育水平，从人的质量入手。"

推荐作者得新书!

博瑞森征稿启事

亲爱的读者朋友:

感谢您选择了博瑞森图书!希望您手中的这本书能给您带来实实在在的帮助!

博瑞森一直致力于发掘好作者、好内容,希望能把您最需要的思想、方法,一字一句地交到您手中,成为管理知识与管理实践的桥梁。

但是我们也知道,有很多深入企业一线、经验丰富、乐于分享的优秀专家,或者忙于实战没时间,或者缺少专业的写作指导和便捷的出版途径,只能茫然以待……

还有很多在竞争大潮中坚守的企业,有着异常宝贵的实践经验和独特的洞察,但缺少专业的记录和整理者,无法让企业的经验和故事被更多的人了解、学习……

对读者而言,这些都太遗憾了!

博瑞森非常希望能将这些埋藏的"宝藏"发掘出来,贡献给广大读者,让更多的人从中受益。

所以,我们真心地邀请您,我们的老读者,帮我们搜寻:

推荐作者

可以是您自己或您的朋友,只要对本土管理有实践、有思考;可以是您通过网络、杂志、书籍或其他途径了解的某位专家,不管名气大小,只要他的思想和方法曾让您深受启发。

可以是管理类作品,也可以超出管理,各类优秀的社科作品或学术作品。

推荐企业

可以是您自己所在的企业,或者是您熟悉的某家企业,其创业过程、运营经历、产品研发、机制创新,等等。无论企业大小,只要乐于分享、有值得借鉴书写之处。

总之,好内容就是一切!

博瑞森绝非"自费出书",出版费用完全由我们承担。您推荐的作者或企业案例一经采用,我们会立刻向您赠送书币 1000 元,可直接换取任何博瑞森图书的纸书或电子书。

感谢您对本土管理原创、博瑞森图书的支持!

推荐投稿邮箱:bookgood@126.com   推荐手机:13611149991

1120 本土管理实践与创新论坛

这是由100多位本土管理专家联合创立的企业管理实践学术交流组织,旨在孵化本土管理思想、促进企业管理实践、加强专家间交流与协作。

论坛每年集中力量办好两件大事:第一,"**出一本书**",汇聚一年的思考和实践,把最原创、最前沿、最实战的内容集结成册,贡献给读者;第二,"**办一次会**",每年11月20日本土管理专家们汇聚一堂,碰撞思想、研讨案例、交流切磋、回馈社会。

论坛理事名单(以年龄为序,以示传承之意)

首届常务理事:

彭志雄	曾 伟	施 炜	杨 涛	张学军	郭 晓	程绍珊	胡八一
王祥伍	李志华	陈立云	杨永华				

理 事:

张再林	卢根鑫	刘文瑞	王铁仁	周荣辉	罗 珉	房西苑	曾令同
黄民兴	陆和平	孟广桥	宋柠宸	张国祥	刘承元	叶兴平	曹子祥
宋新宇	吴越舟	吴 坚	杜建君	戴欣明	仲昭川	刘春雄	刘祖轲
张茂泽	段继东	陈立胜	梁 涛	何 慕	秦国伟	贺兵一	罗海容
张小虎	陈忠建	郭 剑	余晓雷	黄中强	朱玉童	沈 坤	阎立忠
张 进	丁兴良	朱仁健	薛宝峰	史贤龙	卢 强	史幼波	黄剑黎
叶敦明	王 涛	李文才	王 强	张远凤	陈 明	廖信琳	岑立聪
方 刚	何足奇	周 俊	杨 奕	孙行健	孙嘉晖	张东利	郭富才
叶 宁	何 屹	沈 奎	王明胤	王 超	马宝琳	谭长春	杨竣雄
夏惊鸣	张 博	段传敏	李洪道	胡浪球	孙 波	唐江华	程 翔
翟玉忠	刘红明	杨鸿贵	伯建新	高可为	李 蓓	王春强	孔祥云
戴 勇	贾同领	罗宏文	张兵武	史立臣	李政权	余 盛	陈小龙
尚 锋	邢 雷	余伟辉	李小勇	苗庆显	孙 巍	陈继展	全怀周
林延君	王清华	初勇钢	陈 锐	高继中	聂志新	黄 屹	沈 拓
徐伟泽	潦 寒	谭洪华	崔自三	王玉荣	蒋 军	侯军伟	黄润霖
朱伟杰	金国华	吴 之	葛新红	周 剑	崔海鹏	李治江	陈海超
柏 奡	唐道明	刘书生	朱志明	曲宗恺	杜 忠	黄渊明	王献永
范月明	吕 林	刘文新	赵晓萌	张 伟	韩 旭	韩友诚	熊亚柱
秦海林	孙彩军	刘 雷	贺小林	王庆云	黄 娜	俞士耀	田 军
丁 昀	张小峰	黄 磊	罗晓慧	赵海永	伏泓乐	任彭枞	梁小平
鄢圣安	马方旭	乐 涛	杨晓燕	欧阳莉华	陈 慧	张 璐	

企业案例·老板传记			
	书名 . 作者	内容/特色	读者价值
企业案例·老板传记	你不知道的加多宝:原市场部高管讲述 曲宗恺 牛玮娜 著	前加多宝高管解读加多宝	全景式解读,原汁原味
	借力咨询:德邦成长背后的秘密 官同良 王祥伍 著	讲述德邦是如何借助咨询公司的力量进行自身与发展的	来自德邦内部的第一线资料,真实、珍贵,令人受益匪浅
	娃哈哈区域标杆:豫北市场营销实录 罗宏文 赵晓萌 等著	本书从区域的角度来写娃哈哈河南分公司豫北市场是怎么进行区域市场营销,成为娃哈哈全国第一大市场,全国增量第一高市场的一些操作方法	参考性、指导性,一线真实资料
	六个核桃凭什么:从0过100亿 张学军 著	首部全面揭秘养元六个核桃裂变式成长的巨著	学习优秀企业的成长路径,了解其背后的理论体系
	像六个核桃一样:打造畅销品的36个简明法则 王 超 范 萍 著	本书分上下两篇:包括"六个核桃"的营销战略历程和36条畅销法则	知名企业的战略历程极具参考价值,36条法则提供操作方法
	解决方案营销实战案例 刘祖轲 著	用10个真案例讲明白什么是工业品的解决方案式营销,实战、实用	有干货、真正操作过的才能写得出来
	招招见销量的营销常识 刘文新 著	如何让每一个营销动作都直指销量	适合中小企业,看了就能用
	我们的营销真案例 联纵智达研究院 著	五芳斋粽子从区域到全国/诺贝尔瓷砖门店销量提升/利豪家具出口转内销/汤臣倍健的营销模式	选择的案例都很有代表性,实在、实操!
	中国营销战实录:令人拍案叫绝的营销真案例 联纵智达 著	51个案例,42家企业,38万字,18年,累计2000余人次参与……	最真实的营销案例,全是一线记录,开阔眼界
	双剑破局:沈坤营销策划案例集 沈 坤 著	双剑公司多年来的精选案例解析集,阐述了项目策划中每一个营销策略的诞生过程,策划角度和方法	一线真实案例,与众不同的策划角度令人拍案叫绝、受益匪浅
	宗:一位制造业企业家的思考 杨 涛 著	1993年创业,引领企业平稳发展20多年,分享独到的心得体会	难得的一本老板分享经验的书
	简单思考:AMT咨询创始人自述 孔祥云 著	著名咨询公司(AMT)的CEO创业历程中点点滴滴的经验与思考	每一位咨询人,每一位创业者和管理经营者,都值得一读
	边干边学做老板 黄中强 著	创业20多年的老板,有经验、能写、又愿意分享,这样的书很少	处处共鸣,帮助中小企业老板少走弯路
	三四线城市超市如何快速成长:解密甘雨亭 IBMG国际商业管理集团 著	国内外标杆企业的经验+本土实践量化数据+操作步骤、方法	通俗易懂,行业经验丰富,宝贵的行业量化数据,关键思路和步骤
	中国首家未来超市:解密安徽乐城 IBMG国际商业管理集团 著	本书深入挖掘了安徽乐城超市的试验案例,为零售企业未来的发展提供了一条可借鉴之路	通俗易懂,行业经验丰富,宝贵的行业量化数据,关键思路和步骤

互联网+			
	书名 . 作者	内容/特色	读者价值
互联网+	新营销 刘春雄 著	新营销的新框架体系是场景是产品逻辑,IP是品牌逻辑,社群是连接逻辑,传播是营销逻辑	助力品牌商实现由传统营销到新营销的理念和行动的跨越,助力企业打赢升级转型之仗
	企业微信营销全指导 孙 巍 著	专门给企业看到的微信营销书,手把手教企业从小白到微信营销专家	企业想学微信营销现在还不晚,两眼一抹黑也不怕,有这本书就够

续表

	书名/作者	内容简介	推荐语
互联网+	企业网络营销这样做才对：B2B大宗B2C 张进 著	简单直白拿来就用，各种窍门信手拈来，企业网络营销不麻烦也不用再头疼，一般人不告诉他	B2B、大宗B2C企业有福了，看了就能学会网络营销
	互联网时代的银行转型 韩友诚 著	以大量案例形式为读者全面展示和分析了银行的互联网金融转型应对之道	结合本土银行转型发展案例的书籍
	正在发生的转型升级·实践 本土管理实践与创新论坛 著	企业在快速变革期所展现出的管理变革新成果、新方法、新案例	重点突出对于未来企业管理相关领域的趋势研判
	触发需求：互联网新营销样本·水产 何足奇 著	传统产业都在苦闷中挣扎前行，本书通过鲜活的案例告诉你如何以需求链整合供应链，从而把大家熟知的传统行业打碎了重构、重做一遍	全是干货，值得细读学习，并且作者的理论已经经过了他亲自操刀的实践检验，效果惊人，就在书中全景展示
	移动互联新玩法：未来商业的格局和趋势 史贤龙 著	传统商业、电商、移动互联，三个世界并存，这种新格局的玩法一定要懂	看清热点的本质，把握行业先机，一本书搞定移动互联网
	微商生意经：真实再现33个成功案例操作全程 伏泓霖 罗晓慧 著	本书为33个真实案例，分享案例主人公在做微商过程中的经验教训	案例真实，有借鉴意义
	阿里巴巴实战运营——14招玩转诚信通 聂志新 著	本书主要介绍阿里巴巴诚信通的十四个基本推广操作，从而帮助使用诚信通的用户及企业更好地提升业绩	基本操作，很多可以边学边用，简单易学
	阿里巴巴实战运营2：诚信通热卖技巧 聂嵘海 著	诚信通TOP商家赚钱的密码箱，手把手教你操作，拿来就用	图文并茂，内容齐全，直接可以对照使用
	抖音营销如何做：未来抖商 刘大贺 著	解密从0到1亿粉丝的实操路径，深度剖析抖音营销全系统策略	企业做抖音营销的第一书
	微商团队长：从入门到精通 罗品牌 著	由浅入深，涵盖微商团队长必学技能的方方面面	只要照着做，就能当好微商团队长
	互联网精准营销 蒋军 著	怎么在互联网时代整体策划、包装品牌和产品，并在此基础上为企业设计商业模式，技术实现并运营落地	为有基础的小微企业（大企业的新项目）1年实现销售额过亿，2年对接资本，3年左右准IPO
	今后这样做品牌：移动互联时代的品牌营销策略 蒋军 著	与移动互联紧密结合，告诉你老方法还能不能用，新方法怎么用	今后这样做品牌就对了
	互联网+"变"与"不变"：本土管理实践与创新论坛集萃·2016 本土管理实践与创新论坛 著	本土管理领域正在产生自己独特的理论和模式，尤其在移动互联时代，有很多新课题需要本土专家们一起研究	帮助读者拓宽眼界、突破思维
	创造增量市场：传统企业互联网转型之道 刘红明 著	传统企业需要用互联网思维去创造增量，而不是用电子商务去转移传统业务的存量	教你怎么在"互联网+"的海洋中创造实实在在的增量
	重生战略：移动互联网和大数据时代的转型法则 沈拓 著	在移动互联网和大数据时代，传统企业转型如同生命体打算与再造，称之为"重生战略"	帮助企业认清移动互联网环境下的变化和应对之道
	画出公司的互联网进化路线图：用互联网思维重塑产品、客户和价值 李蓓 著	18个问题帮助企业一步步梳理出互联网转型思路	思路清晰、案例丰富，非常有启发性
	7个转变，让公司3年胜出 李蓓 著	消费者主权时代，企业该怎么办	这就是互联网思维，老板有能这样想，肯定倒不了
	跳出同质思维，从跟随到领先 郭剑 著	66个精彩案例剖析，帮助老板突破行业长期思维惯性	做企业竟然有这么多玩法，开眼界

续表

行业类:零售、白酒、食品/快消品、农业、医药、建材家居等			
	书名.作者	内容/特色	读者价值
零售·超市·餐饮·服装	总部有多强大,门店就能走多远 IBMG 国际商业管理集团 著	如何把总部做强,成为门店的坚实后盾	了解总部建设的方法与经验
	超市卖场定价策略与品类管理 IBMG 国际商业管理集团 著	超市定价策略与品类管理实操案例和方法	拿来就能用的理论和工具
	连锁零售企业招聘与培训破解之道 IBMG 国际商业管理集团 著	围绕零售企业组织架构、培训体系建设等内容进行深刻探讨	破解人才发现和培养瓶颈的关键点
	中国首家未来超市:解密安徽乐城 IBMG 国际商业管理集团 著	介绍了乐城作为中国首家未来超市从无到有的传奇经历	了解新型零售超市的运作方式及管理特色
	三四线城市超市如何快速成长:解密甘雨亭 IBMG 国际商业管理集团 著	揭秘一家三四线连锁超市的经验策略	不但可以欣赏它的优点,而且可以学会它成功的方法
	新零售 新终端 迪智成咨询团队 著	梳理和提炼新零售的系统打法,将之落地在新终端建设上	让新零售这一看似形而上的商业概念有了可以落地的立足点
	新零售动作分解:建材 家居 家具 盛斌子 著	第一本锁定在家居建材、家电、家装等耐用消费品领域谈新零售的书	第一本谈新零售的具体动作、策略、方法、招术的书,拿来就用
	新零售进化趋势与未来格局 李政权 著	通过业态、品类、体验、场景等逐一呈现新零售的未来进化	就新零售未来的发展方向与进化趋势给出一个确定性的未来
	涨价也能卖到翻 村松达夫 【日】	提升客单价的 15 种实用、有效的方法	日本企业在这方面非常值得学习和借鉴
	移动互联下的超市升级 联商网专栏频道 著	深度解析超市转型升级重点	帮助零售企业把握全局、看清方向
	手把手教你做专业督导:专卖店、连锁店 熊亚柱 著	从督导的职能、作用,在工作中需要的专业技能、方法,都提供了详细的解读和训练办法,同时附有大量的表单工具	无论是店铺需要统一培训,还是个人想成为优秀的督导,有这一本就够了
	百货零售全渠道营销策略 陈继展 著	没有照本宣科、说教式的絮叨,只有笔者对行业的认知与理解,庖丁解牛式的逐项解析、展开	通俗易懂,花极少的时间快速掌握该领域的知识及趋势
	零售:把客流变成购买力 丁昀 著	如何通过不断升级产品和体验式服务来经营客流	如何进行体验营销,国外的好经营,这方面有启发
	餐饮企业经营策略第一书 吴坚 著	分别从产品、顾客、市场、盈利模式等几个方面,对现阶段餐饮企业的发展提出策略和思路	第一本专业的、高端的餐饮企业经营指导书
	餐饮新营销 杨勇 程绍珊 著	在新环境下,对餐饮营销管理进行了全面深入的解读,提供了方式方法	全面性、系统性,区别于市面上的纯操作类作品
	电影院的下一个黄金十年:开发·差异化·案例 李保煜 著	对目前电影院市场存大的问题及如何解决进行了探讨与解读	多角度了解电影院运营方式及代表性案例
	赚不赚钱靠店长:从懂管理到会经营 孙彩军 著	通过生动的案例来进行剖析,注重门店管理细节方面的能力提升	帮助终端门店店长在管理门店的过程中实现经营思路的拓展与突破
耐消品	商用车经销商运营实战 杜建君 王朝阳 章晓青 等著	从管理到经营,从销售到服务,系统化运作全指导	为经销商经营开阔思路,掌握方法
	汽车配件这样卖:汽车后市场销售秘诀 100 条 俞士耀 著	汽配销售业务员必读,手把手教授最实用的方法,轻松得来好业绩	快速上岗,专业实效,业绩无忧

续表

	书名/作者	内容简介	特色
耐消品	润滑油销售:这样说这样做更有效 张金荣 著	针对渠道、经销商、终端的超实用话术	上车看,下车用,3分钟就能学会。
	新经销:新零售时代,教你做大商 黄润霖 著	从选址、产品、促销、团队、规模阐述新经销变与不变的市场手法和操作思路	实地拜访近100位经销商在传统营销手法上的创新、新营销工具的发现
	珠宝黄金新营销 崔德乾 著	营销、品牌、产品、连接、场景、社群、服务、传播、管理及产业价值链	新营销在珠宝行业的实战应用,业内必备第一书
	跟行业老手学经销商开发与管理:家电、耐消品、建材家居 黄润霖 著	全部来源于经销商管理的一线问题,作者用丰富的经验将每一个问题落实到最便捷快速的操作方法上去	书中每一个问题都是普通营销人亲口提出的,这些问题你也会遇到,作者进行的解答则精彩实用
白酒	酒水饮料快消品餐饮渠道营销手册 朱伟杰 著	主要针对快消品(酒水、饮料)的餐饮渠道,提供了区域、商圈、不同业态的规划和促销安排等多种工具,并提出了经销商、批发商等相关人员的管理方法	一本酒水饮料如何在餐饮渠道销售的全能手册,内容深入翔实,可以直接照搬套用,这样的便利简直千金不换
	白酒到底如何卖 赵海永 著	以市场实战为主,多层次、全方位、多角度地阐释了白酒一线市场操作的最新模式和方法,接地气	实操性强,37个方法、6大案例帮你成功卖酒
	变局下的白酒企业重构 杨永华 著	帮助白酒企业从产业视角看趋势,找准位置,实现弯道超车的书	行业内企业要减少90%,自己在什么位置,怎么做,都清楚了
	1. 白酒营销的第一本书(升级版) 2. 白酒经销商的第一本书 唐江华 著	华泽集团湖南开口笑公司品牌部长,擅长酒类新品推广、新市场拓展	扎根一线,实战
	区域型白酒企业营销必胜法则 朱志明 著	为区域型白酒企业提供35条必胜法则,在竞争中赢销的葵花宝典	丰富的一线经验和深厚积累,实操实用
	10步成功运作白酒区域市场 朱志明 著	白酒区域操盘者必备,掌握区域市场运作的战略、战术、兵法	在区域市场的攻伐防守中运筹帷幄,立于不败之地
	酒业转型大时代:微酒精选2014-2015 微酒 主编	本书分为五个部分:当年大事件、那些酒业营销工具、微酒独立策划、业内大调查和十大经典案例	了解行业新动态、新观点,学习营销方法
快消品·食品	中国快消品营销的这些年 史贤龙 著	作者精华文章的合集,一本书浓缩了过去十五年,中国营销的实战历程与前沿思考	快消品营销行业的案例和方法都原汁原味呈现,在反映当时风貌的同时,展望与反思
	营销中国茶:2小时读懂茶叶营销 史贤龙 著	从不同视角对中国的茶营销进行了思考,内容涉及中国茶产业战略困境、茶企规模化、茶品牌崛起、茶文化、茶营销、茶消费、茶零售、茶道等	内容丰富扎实,文字流畅,浓缩的都是精华,让你2小时读懂茶叶营销
	这样打造快消品标杆市场 罗宏文 著	帮助你解决如何成功打造标杆市场和进行持续增量管理两大问题	一套系统的方法论,通俗易懂,可以直接套用
	5小时读懂快消品营销:中国快消品案例观察 陈海超 著	多年营销经验的一线老手把案例掰开了、揉碎了,从中得出的各种手段和方法给读者以帮助和启发	营销那些事儿的个中秘辛,求人还不一定告诉你,这本书里就有
	快消品招商的第一本书:从入门到精通 刘雷 著	深入浅出,不说废话,有工具方法,通俗易懂	让零基础的招商新人快速学习书中最实用的招商技能,成长为骨干人才
	乳业营销第一书 侯军伟 著	对区域乳品企业生存发展关键性问题的梳理	唯一的区域乳业营销书,区域乳品企业一定要看

续表

	书名/作者	内容简介	推荐语
快消品·食品	金龙鱼背后的粮油帝国 余 盛 著	讲述金龙鱼品牌及母公司丰益国际的商业冒险故事	在精彩的阅读体验中学到营销管理的方法
	食用油营销第一书 余 盛 著	10多年油脂企业工作经验，从行业到具体实操	食用油行业第一书，当之无愧
	中国茶叶营销第一书 柏 龑 著	如何跳出茶行业"大文化小产业"的困境，作者给出了自己的观察和思考	不是传统做茶的思路，而是现在商业做茶的思路
	调味品企业八大必胜法则 张 戟 著	八大规律性的关键成功要素，背后都有本土调味品企业的成功实践	"观点阐述+案例描述"，行业必读
	调味品营销第一书 陈小龙 著	国内唯一一本调味品营销的书	唯一的调味品营销的书，调味品的从业者一定要看
	快消品营销人的第一本书：从入门到精通 刘 雷 伯建新 著	快消行业必读书，从入门到专业	深入细致，易学易懂
	变局下的快消品营销实战策略 杨永华 著	通胀了，成本增加，如何从被动应战变成主动的"系统战"	作者对快消品行业非常熟悉、非常实战
	快消品经销商如何快速做大 杨永华 著	本书完全从实战的角度，评述现象，解析误区，揭示原理，传授方法	为转型期的经销商提供了解决思路，指出了发展方向
	快消品营销：一位销售经理的工作心得2 蒋 军 著	快消品、食品饮料营销的经验之谈，重点图书	来源与实战的精华总结
	快消品营销与渠道管理 谭长春 著	将快消品标杆企业渠道管理的经验和方法分享出来	可口可乐、华润的一些具体的渠道管理经验，实战
	成为优秀的快消品区域经理（升级版） 伯建新 著	用"怎么办"分析区域经理的工作关键点，增加30%全新内容，更贴近环境变化	可以作为区域经理的"速成催化器"
	销售轨迹：一位快消品营销总监的拼搏之路 秦国伟 著	本书讲述了一个普通销售员打拼成为跨国企业营销总监的真实奋斗历程	激励人心，给广大销售员以力量和鼓舞
	快消老手都在这样做：区域经理操盘金锦囊 方 刚 著	非常接地气，全是多年沉淀下来的干货，丰富的一线经验和实操方法不可多得	在市场摸爬滚打的"老油条"，那些独家绝招妙招一般你问都是问不来的
	动销四维：全程辅导与新品上市 高继中 著	从产品、渠道、促销和新品上市详细讲解提高动销的具体方法，总结作者18年的快消品行业经验，方法实操	内容全面系统，方法实操
农业	饲料营销有方法：策略 案例 工具 陈石平 著	跳出饲料看饲料，根据饲料营销的关键成功要素（KSF）提出7大核心命题	紧跟农牧产业发展大势，提高饲料企业营销竞争力
	新农资如何换道超车 刘祖轲 等著	从农业产业化、互联网转型、行业营销与经营突破四个方面阐述如何让农资企业占领先机、提前布局	南方略专家告诉你如何应对资源浪费、生产效率低下、产能严重过剩、价格与价值严重扭曲等
	中国牧场管理实战：畜牧业、乳业必读 黄剑黎 著	本书不仅提供了来自一线的实际经验，还收入了丰富的工具文档与表单	填补空白的行业必读作品
	中小农业企业品牌战法 韩 旭 著	将中小农业企业品牌建设的方法，从理论讲到实践，具有指导性	全面把握品牌规划，传播推广，落地执行的具体措施
	农资营销实战全指导 张 博 著	农资如何向"深度营销"转型，从理论到实践进行系统剖析，经验资深	朴实、使用！不可多得的农资营销实战指导
	农产品营销第一书 胡浪球 著	从农业企业战略到市场开拓、营销、品牌、模式等	来源于实践中的思考，有启发
	变局下的农牧企业9大成长策略 彭志雄 著	食品安全、纵向延伸、横向联合、品牌建设……	唯一的农牧企业经营实操的书，农牧企业一定要看

续表

	书名	简介	推荐理由
医药	在中国,医药营销这样做:时代方略精选文集 段继东　主编	专注于医药营销咨询15年,将医药营销方法的精华文章合编,深入全面	可谓医药营销领域的顶尖著作,医药界读者的必读书
	医药新营销:制药企业、医药商业企业营销模式转型 史立臣　著	医药生产企业和商业企业在新环境下如何做营销?老方法还有没有用?如何寻找新方法?新方法怎么用?本书给你答案	内容非常现实接地气,踏实谈问题说方法
	医药企业转型升级战略 史立臣　著	药企转型升级有5大途径,并给出落地步骤及风险控制方法	实操性强,有作者个人经验总结及分析
	新医改下的医药营销与团队管理 史立臣　著	探讨新医改对医药行业的系列影响和医药团队管理	帮助理清思路,有一个框架
	医药营销与处方药学术推广 马宝琳　著	如何用医学策划把"平民产品"变成"明星产品"	有真货、讲真话的作者,堪称处方药营销的经典!
	医药行业大洗牌与药企创新 林延君　沈斌　著	一方面,围绕着变革,多角度阐述药企的应对之道;另一方面,紧扣实践,介绍近百家医药企业创新实践案例	医改变革10年,医药企业如何应对大洗牌?重磅出击的药企人必读书
	新医改了,药店就要这样开 尚　锋　著	药店经营、管理、营销全攻略	有很强的实战性和可操作性
	电商来了,实体药店如何突围 尚　锋　著	电商崛起,药店该如何突围?本书从促销、会员服务、专业性、客单价等多重角度给出了指导方向	实战攻略,拿来就能用
	OTC医药代表药店销售36计 鄢圣安　著	以《三十六计》为线,写OTC医药代表向药店销售的一些技巧与策略	案例丰富,生动真实,实操性强
	OTC医药代表药店开发与维护 鄢圣安　著	要做到一名专业的医药代表,需要做什么、准备什么、知识储备、操作技巧等	医药代表药店拜访的指导手册,手把手教你快速上手
	引爆药店成交率1:店员导购实战 范月明　著	一本书解决药店导购所有难题	情景化、真实化、实战化
	引爆药店成交率2:经营落地实战 范月明　著	最接地气的经营方法全指导	揭示了药店经营的几类关键问题
	引爆药店成交率:专业化销售解决方案 范月明　著	药品搭配分析与关联销售	为药店人专业化助力
	处方药合规推广实战宝典 赵佳震　著	推广体系搭建、推广人员岗位工作内容、推广服务外包商管理等六个方面	解决"医药代表转型"和"推广服务外包商管理"的困惑
	医药代理商实操全指导:新环境　新战法 戴文杰　著	结合医药市场政策环境解读新环境下医药招商的战法,着重分析药品产业链的盈利机会	医药销售业务人员的必备读物
	攻略基层诊所:医药营销这样做 张江民　著	对基层诊所的开发、维护和动销,拿来就用的方式方法	实战是本书的主旨,只要用心去看,就能在基层诊所市场中运用
	互联网医药的未来 动脉网　编著	介绍了互联网医药发展的现状与趋势	帮助创业者和投资人看清未来,把握当下
	处方药零售这样做 田　军　著	阐述了处方药零售的重要性,以及做处方药零售市场的具体措施和方法	系统性了解和掌握处方药零售方法
建材家居	成为最赚钱的家具建材经销商 李治江　著	从销售模式、产品、门店等老板们最关注和最需要的方面解决问题、提供方法	只要你是建材、家具、家居用品的经销商老板,这就是一本必读的书
	定制家居黄金十年 韩　锋　翁长华　著	梳理了定制家居的商业模式和发展情况	帮助定制家居看清方向,把握当下
	家具建材促销与引流 薛　亮　李永峰　著	十大促销模式的详细方法和工具	让你天天签大单

续表

分类	书名/作者	内容简介	推荐语
建材家居	家具行业操盘手 王献永 著	家具行业问题的终结者	解决了干家具还有没有前途？为什么同城多店的家具经销商很难做大做强等问题
	建材家居营销:除了促销还能做什么 孙嘉晖 著	一线老手的深度思考,告诉你在建材家居营销模式基本停滞的今天,除了促销,营销还能怎么做	给你的想法一场革命
	建材家居营销实务 程绍珊 杨鸿贵 主编	价值营销运用到建材家居,每一步都让客户增值	有自己的系统、实战
	家居建材门店6力爆破 贾同领 著	合盘道出一线品牌销量秘籍	6力招招见血,既有招数,又有策略
	建材家居门店销量提升 贾同领 著	店面选址、广告投放、推广助销、空间布局、生动展示、店面运营	门店销量提升是一个系统工程,非常系统、实战
	10步成为最棒的建材家居门店店长 徐伟泽 著	实际方法易学易用,让员工能够迅速成长,成为独当一面的好店长	只要坚持这样干,一定能成为好店长
	手把手帮建材家居导购业绩倍增:成为顶尖的门店店员 熊亚柱 著	生动的表现形式,让普通人也能成为优秀的导购员,让门店业绩长红	读着有趣,用着简单,一本在手、业绩无忧
	建材家居经销商实战42章经 王庆云 著	告诉经销商:老板怎么当,团队怎么带、生意怎么做	忠言逆耳,看着不舒服就对了,实战总结,用一招半式就值了
工业品	销售是门专业活:B2B、工业品 陆和平 著	销售流程就应该跟着客户的采购流程和关注点的变化向前推进,将一个完整的销售过程分成十个阶段,提供具体方法	销售不是请客吃饭拉关系,是个专业的活计！方法在手,走遍天下不愁
	解决方案营销实战案例 刘祖轲 著	用10个真案例讲明白什么是工业品的解决方案式营销,实战、实用	有干货、真正操作过的才能写得出来
	变局下的工业品企业7大机遇 叶敦明 著	产业链条的整合机会、盈利模式的复制机会、营销红利的机会、工业服务商转型机会……	工业品企业还可以这样做,思维大突破
	工业品市场部实战全指导 杜忠 著	工业品市场部经理工作内容全指导	系统、全面、有理论、有方法,帮助工业品市场部经理更快提升专业能力
	工业品营销管理实务 李洪道 著	中国特色工业品营销体系的全面深化、工业品营销管理体系优化升级	工具更实战,案例更鲜活,内容更深化
	工业品企业如何做品牌 张东利 著	为工业品企业提供最全面的品牌建设思路	有策略、有方法、有思路、有工具
	丁兴良讲工业4.0 丁兴良 著	没有枯燥的理论和说教,用朴实直白的语言告诉你工业4.0的全貌	工业4.0是什么？本书告诉你答案
	资深大客户经理:策略准,执行狠 叶敦明 著	从业务开发、发起攻势、关系培育、职业成长四个方面,详述了大客户营销的精髓	满满的全是干货
	两化融合管理系统贯标流程与方法 戴勇 张华杰 张百荣 编著	全面梳理贯标流程和方法	帮助企业成功贯标
	一切为了订单:订单驱动下的工业品营销实战 唐道明 著	其实,所有的企业都在围绕着两个字在开展全部的经营和管理工作,那就是"订单"	开发订单、满足订单、扩大订单。本书全是实操方法,字字珠玑、句句干货,教你获得营销的胜利
金融	交易心理分析 (美)马克·道格拉斯 著 刘真如 译	作者一语道破赢家的思考方式,并提供了具体的训练方法	不愧是投资心理的第一书,绝对经典
	精品银行管理之道 崔海鹏 何屹 主编	中小银行转型的实战经验总结	中小银行的教材很多,实战类的书很少,可以看看

续表

	书名・作者	内容/特色	读者价值
金融	支付战争 Eric M. Jackson 著 徐彬 王晓 译	PayPal 创业期营销官,亲身讲述 PayPal 从诞生到壮大到成功出售的整个历史	激烈、有趣的内幕商战故事!了解美国支付市场的风云巨变
	中外并购名著专业阅读指南 叶兴平 等著	在 5000 多本并购类图书中精选的 200 著作,在阅读的基础上写的读书评价	精挑细选 200 本并一一评介,省去读者挑选的烦恼,快捷、高效
	新三板信息披露全流程:操作与工具 和珩科技 著	详细拆解董秘日常工作过程中所需的信息披露流程	董秘案头必备用书
	成功并购 300 本:一本书搞定并购难题 浩德军师并购联盟 著	从财务,税务,法律等角度详细解答疑问	能解决 80% 的并购问题
	互联网时代的银行转型 韩友诚 著	以大量案例形式为读者全面展示和分析了银行的互联网金融转型应对之道	结合本土银行转型发展案例的书籍
房地产	产业园区/产业地产规划、招商、运营实战 阎立忠 著	目前中国第一本系统解读产业园区和产业地产建设运营的实战宝典	从认知、策划、招商到运营全面了解地产策划
	人文商业地产策划 戴欣明 著	城市与商业地产战略定位的关键是不可复制性,要发现独一无二的"味道"	突破千城一面的策划困局
	中国城市群房地产投资策略 吕俊博 著	全方位、多角度分析城市群房地产现状是趋势	让亿元资产投资更理性、更安全
	电影院的下一个黄金十年:开发・差异化・案例 李保煜 著	对目前电影院市场存大的问题及如何解决进行了探讨与解读	多角度了解电影院运营方式及代表性案例
能源	全能型班组:城市能源互联网与电力班组升级 国网天津市电力公司 编著	借鉴国内外优秀企业的转型升级思路,通过对于新型班组组织模式和运行机制的大胆设想,力图构建充分适应内外环境变化的全能型班组	看看庞大的国企在新环境下是如何顺应时代的
	国网天津电力全能型班组建设实务 国网天津市电力公司 编著	本书聚焦于天津电力公司在探索全能型班组转型升级时的优秀实践	电力行业的班组实践,具体、可操作性强

经营类:企业如何赚钱,如何抓机会,如何突破,如何"开源"

	书名・作者	内容/特色	读者价值
抓方向	让经营回归简单. 升级版 宋新宇 著	化繁为简抓住经营本质:战略、客户、产品、员工、成长	经典,做企业就这几个关键点!
	混沌与秩序Ⅰ:变革时代企业领先之道 混沌与秩序Ⅱ:变革时代管理新思维 彭剑锋 尚艳玲 主编	汇集华夏基石专家团队 10 年来研究成果,集中选择了其中的精华文章编纂成册	作者都是既有深厚理论积淀又有实践经验的重磅专家,为中国企业和企业家的未来提出了高屋建瓴的观点
	活系统:跟任正非学当老板 孙行健 尹贤 著	以任正非的独到视角,教企业老板如何经营公司	看透公司经营本质,激活企业活力
	重构:快消品企业重生之道 杨永华 著	从 7 个角度,帮助企业实现系统性的改造	提供转型思想与方法,值得参考
	公司由小到大要过哪些坎 卢强 著	老板手里的一张"企业成长路线图"	现在我在哪儿,未来还要走哪些路,都清楚了
	企业二次创业成功路线图 夏惊鸣 著	企业曾经抓住机会成功了,但下一步该怎么办?	企业怎样获得第二次成功,心里有个大框架了
	老板经理人双赢之道 陈明 著	经理人怎养选平台、怎么开局、老板怎样选/育/用/留	老板生闷气,经理人牢骚大,这次知道该怎么办了

续表

抓方向	简单思考:AMT咨询创始人自述 孔祥云 著	著名咨询公司(AMT)的CEO创业历程中点点滴滴的经验与思考	每一位咨询人,每一位创业者和管理经营者,都值得一读
	企业文化的逻辑 王祥伍 黄健江 著	为什么企业绩效如此不同,解开绩效背后的文化密码	少有的深刻,有品质,读起来很流畅
	使命驱动企业成长 高可为 著	钱能让一个人今天努力,使命能让一群人长期努力	对于想做事业的人,'使命'是绕不过去的
思维突破	盈利原本就这么简单 高可为 著	从财务的角度揭示企业盈利的秘密	多方面解读商业模式与盈利的关系,通俗易懂,受益匪浅
	经营:打造你的盈利系统 高可为 著	从盈利角度梳理了系统化的经营方式	让企业掌舵者把控经营全局
	创模式:23个行业创新案例 段传敏 著	23位行业精英的创新对话	创业者、转型者的实战参考
	企业良性成长:用顶层设计突破瓶颈 刘建兆 著	全方位介绍企业顶层设计的方法和思路	帮助企业用顶层设计突破成长瓶颈
	移动互联新玩法:未来商业的格局和趋势 史贤龙 著	传统商业、电商、移动互联,三个世界并存,这种新格局的玩法一定要懂	看清热点的本质,把握行业先机,一本书搞定移动互联网
	画出公司的互联网进化路线图:用互联网思维重塑产品、客户和价值 李蓓 著	18个问题帮助企业一步步梳理出互联网转型思路	思路清晰、案例丰富,非常有启发性
	重生战略:移动互联网和大数据时代的转型法则 沈拓 著	在移动互联网和大数据时代,传统企业转型如同生命体打算与再造,称之为"重生战略"	帮助企业认清移动互联网环境下的变化和应对之道
	创造增量市场:传统企业互联网转型之道 刘红明 著	传统企业需要用互联网思维去创造增量,而不是用电子商务去转移传统业务的存量	教你怎么在"互联网+"的海洋中创造实实在在的增量
	7个转变,让公司3年胜出 李蓓 著	消费者主权时代,企业该怎么办	这就是互联网思维,老板有能这样想,肯定倒不了
	跳出同质思维,从跟随到领先 郭剑 著	66个精彩案例剖析,帮助老板突破行业长期思维惯性	做企业竟然有这么多玩法,开眼界
	互联网+"变"与"不变":本土管理实践与创新论坛集萃·2016 本土管理实践与创新论坛 著	加速本土管理思想的孕育诞生,促进本土管理创新成果更好地服务企业、贡献社会	各个作者本年度最新思想,帮助读者拓宽眼界、突破思维
	消费升级:实践 研究(文集) 本土管理实践与创新论坛 著	38位管理专家及7位学者的精华思想,从经营、管理、行业及思想研究四个方面阐述中国企业在消费升级下的实践与研究	思想启发,行业借鉴
财务	写给企业家的公司与家庭财务规划——从创业成功到富足退休 周荣辉 著	本书以企业的发展周期为主线,写各阶段企业与企业主家庭的财务规划	为读者处理人生各阶段企业与家庭的财务问题提供建议及方法,让家庭成员真正享受财富带来的益处
	互联网时代的成本观 程翔 著	本书结合互联网时代提出了成本的多维观,揭示了多维组合成本的互联网精神和大数据特征,论述了其产生背景、实现思路和应用价值	在传统成本观下为盈利的业务,在新环境下也许就成为亏损业务。帮助管理者从新的角度来看待成本,进一步做好精益管理

续表

	书名．作者	内容/特色	读者价值
财务	财报背后的投资机会 蒋 豹 著	以具体的公司案例分析，教你迅速看出财务报表与企业经营的关系、所反映的企业经营现状，从而找到投资机会	前四大会计所员工为读者解密财报，发现投资机会

管理类：效率如何提升，如何实现经营目标，如何"节流"

	书名．作者	内容/特色	读者价值
通用管理	让管理回归简单·升级版 宋新宇 著	从目标、组织、决策、授权、人才和老板自己层面教你怎样做管理	帮助管理抓住管理的要害，让管理变得简单
	让经营回归简单·升级版 宋新宇 著	从战略、客户、产品、员工、成长、经营者自身等七个方面，归纳总结出简单有效的经营法则	总结出的真正优秀企业的成功之道：简单
	让用人回归简单 宋新宇 著	从用人的原则、用人的难题与误区、用人的方法和用人者的修炼四大方面，总结出适合中小企业做好人才管理工作的法则	帮助管理者抓住用人的要害，让用人变得简单
	历史深处的管理智慧1：组织建设与用人之道 刘文瑞 著	对历史之典故、政事、人事、政制进行管理解析，鉴照企业人才的选用育留	推动理论与实践的对接，实现理性与情感的渗透，用中国话语说明管理智慧
	历史深处的管理智慧2：战略决策与经营运作 刘文瑞 著	对历史之典故、政事、人事、政制进行管理解析，鉴照企业战略设计与经营实践	推动理论与实践的对接，实现理性与情感的渗透，用中国话语说明管理智慧
	历史深处的管理智慧3：领导修炼与文化素养 刘文瑞 著	对历史之典故、政事、人事、政制进行管理解析，鉴照企业领导职业能力提升与文化修养	推动理论与实践的对接，实现理性与情感的渗透，用中国话语说明管理智慧
	管理的尺度 刘文瑞 著	对管理中的种种普遍性问题进行了批评	提高把握管理尺度的能力
	管理学在中国 刘文瑞 著	系统性介绍了管理学在中国的发展和演变	了解管理学在中国的发展脉络，更清晰理解管理学的本质
	看电影，懂管理 刘文瑞 著	16部经典电影，带你感悟管理智慧	能够帮助读者放松身心，驰骋想象，在不知不觉中增长智慧
	管理：以规则驾驭人性 王春强 著	详细解读企业规则的制定方法	从人与人博弈角度提升管理的有效性
	打造集成供应链：走出挂一漏十的改善困境 王春强 著	详解集成供应链全过程	帮助企业优化供应链管理
	用好骨干员工：关键人才培养与激励 王 敏 著	系统化分享关键人才打造与激励方法	企业能实在用人的最大化价值
	改变世界的管理学大师1：管理学的前世今生 刘文瑞 编著	介绍了古典管理学时期的大师事迹和思想	深入了解管理大师们的思想和智慧
	成为企业欢迎的咨询师 张国祥 著	从调研到落地，手把手教你咨询流程	不走弯路，方便直接的学到老咨询师的套路
	员工心理学超级漫画版 邢 雷 著	以漫画的形式深度剖析员工心理	帮助管理者更了解员工，从而更轻松地管理员工
	老板有想法，高层有干法：企业中的将帅之道 王清华 著	深入剖析老板与高管的异同	各司其职，各行其是，相辅相成
	分股合心：股权激励这样做 段磊 周剑 著	通过丰富的案例，详细介绍了股权激励的知识和实行方法	内容丰富全面、易读易懂，了解股权激励，有这一本就够了
	边干边学做老板 黄中强 著	创业20多年的老板，有经验、能写、又愿意分享，这样的书很少	处处共鸣，帮助中小企业老板少走弯路

续表

分类	书名/作者	内容简介	推荐理由
通用管理	成为敏感而体贴的公司 王 涛 著	本书为作者对企业的观察和冥想的随笔记录。从生活中的一个现象入手,进而探索现象背后的本质	从全新角度认识公司
	中国企业的觉醒:正直 善良 成长 王 涛 著	围绕着企业人如何发生转化展开,对中国人、中国文化及由此导致的企业现状的观察和思考	企业除了要利润,还需要道德
	有意识的思考:轻松化解问题的7个思考习惯 王 涛 著	本书是对思想、思考过程、思考方式进行的细致观察	养成好的思考习惯,更深刻地看问题
	中国式阿米巴落地实践之从交付到交易 胡八一 著	本书主要讲述阿米巴经营会计,"从交付到交易",这是成功实施了阿米巴的标志	阿米巴经营会计的工作是有逻辑关联的,一本书就能搞定
	中国式阿米巴落地实践之激活组织 胡八一 著	重点讲解如何科学划分阿米巴单元,阐述划分的实操要领、思路、方法、技术与工具	最大限度减少"推行风险"和"摸索成本",利于公司成功搭建适合自身的个性化阿米巴经营体系
	中国式阿米巴落地实践之持续盈利 胡八一 著	把企业做成平台,企业才能做大(格局);把平台做成阿米巴,企业才能做强(专业);把阿米巴做成合伙制,企业才能做久(机制)	中国式阿米巴落地实践三部曲的最后一部,告诉你企业如何做大做强做久
	集团化企业阿米巴实战案例 初勇钢 著	一家集团化企业阿米巴实施案例	指导集团化企业系统实施阿米巴
	阿米巴经营的中国模式 李志华 著	让员工从"要我干"到"我要干",价值量化出来	阿米巴在企业如何落地,明白思路了
	欧博心法:好管理靠修行 曾 伟 著	用佛家的智慧,深刻剖析管理问题,见解独到	如果真的有'中国式管理',曾老师是其中标志性人物
	领导这样点燃你的下属 孟广桥 著	领导如何才能让员工积极主动地工作?如何让你的员工和下属保持工作的热情,自动自发?看了这本书就知道	只要你希望手下的"兵将"永远充满工作的斗志,这本书将使你获益多多
流程管理	1. 用流程解放管理者 2. 用流程解放管理者2 张国祥 著	中小企业阅读的流程管理、企业规范化的书	通俗易懂,理论和实践的结合恰到好处
	跟我们学建流程体系 陈立云 著	畅销书《跟我们学做流程管理》系列,更实操,更细致,更深入	更多地分享实践,分享感悟,从实践总结出来的方法论
	人人都要懂流程 金国华 余雅丽 著	当前各企业流程管理方面最为典型的痛点现象及问题案例	通俗易懂,适合企业全员阅读
质量管理	IATF16949 质量管理体系详解与案例文件汇编:TS16949 转版 IATF16949:2016 谭洪华 著	针对IATF的新标准做了详细的解说,同时指出了一些推行中容易犯的错误,提供了大量的表单、案例	案例、表单丰富,拿来就用
	五大质量工具详解及运用案例:APQP/FMEA/PPAP/MSA/SPC 谭洪华 著	对制造业必备的五大质量工具中每个文件的制作要求、注意事项、制作流程、成功案例等进行了解读	通俗易懂,简便易行,能真正实现学以致用
	ISO9001:2015 新版质量管理体系详解与案例文件汇编 谭洪华 著	紧密围绕2015年新版质量管理体系逐条详细解读,并提供可以直接套用的案例工具,易学易上手	企业质量管理认证、内审必备
	ISO14001:2015 新版环境管理体系详解与案例文件汇编 谭洪华 著	紧密围绕2015年新版环境管理体系文件逐条详细解读,并提供可以直接套用的案例工具,易学易上手	企业环境管理认证、内审必备

续表

质量管理	ISO9001:2015 完整文件汇编:制造业 贺红喜 著	按照 ISO9001 标准并超出标准的要求,提供了一套完整的制造业的质量管理体系文件	原汁原味完整收入,直接可以拿来就用
	SA8000:2014 社会责任管理体系认证实战 吕 林 著	作者根据自己的操作经验,按认证的流程,以相关案例进行说明 SA8000 认证体系	简单,实操性强,拿来就能用
	精益质量管理实战工具 贺小林 著	制造类企业日常工作中所需要的精益管理工具的归纳整理,并进行案例操作的细致分析	可以直接参考,实际解决生产中的具体问题
战略落地	重生——中国企业的战略转型 施 炜 著	从前瞻和适用的角度,对中国企业战略转型的方向、路径及策略性举措提出了一些概要性的建议和意见	对企业有战略指导意义
	公司大了怎么管:从靠英雄到靠组织 AMT 金国华 著	第一次详尽阐释中国快速成长型企业的特点、问题及解决之道	帮助快速成长型企业领导及管理团队理清思路,突破瓶颈
	低效会议怎么改:每年节省一半会议成本的秘密 AMT 王玉荣 著	教你如何系统规划公司的各级会议,一本工具书	教会你科学管理会议的办法
	年初订计划,年尾有结果:战略落地七步成诗 AMT 郭晓 著	7 个步骤教会你怎么让公司制定的战略转变为行动	系统规划,有效指导计划实现
人力资源	HRBP 是这样炼成的之"菜鸟起飞" 新 海 著	以小说的形式,具体解析 HRBP 的职责,应该如何操作,如何为业务服务	实践者的经验分享,内容实务具体,形式有趣
	HRBP 是这样炼成的之中级修炼 新 海 著	本书以案例故事的方式,介绍了 HRBP 在实际工作中碰到的问题和挑战	书中的 HR 解决方案讲究因时因地制宜、简单有效的原则,重在启发读者思路,可供各类企业 HRBP 借鉴
	HRBP 是这样炼成的之高级修炼 新 海 著	以故事的形式,展现了 HRBP 工作者在职业发展路上的层层深入和递进	为读者提供 HRBP 在实际工作中遇到种种问题的解决方案
	新任 HR 高管如何从 0 到 1 黄渊明 著	全景式展现新任高管华丽转身全过程	助力新任高管安全着陆
	HR 的劳动法内参 李皓楠 著	100 个劳动法案例和分析	轻松掌握劳动法知识,方便运用
	把面试做到极致:首席面试官的人才甄选法 孟广桥 著	作者用自己几十年的人力资源经验总结出的一套实用的确定岗位招聘标准、提升面试官技能素质的简便方法	面试官必备,没有空泛理论,只有巧妙的实操技能
	人力资源体系与 e-HR 信息化建设 刘书生 陈 莹 王美佳 著	将作者经历的人力资源管理变革、人力资源管理信息化咨询项目方法论、工具和成果全面展现给读者,使大家能够将其快速应用到管理实践中	系统性非常强,没有废话,全部是浓缩的干货
	回归本源看绩效 孙 波 著	让绩效回顾"改进工具"的本源,真正为企业所用	确实是来源于实践的思考,有共鸣
	世界 500 强资深培训经理人教你做培训管理 陈 锐 著	从 7 大角度具体细致地讲解了培训管理的核心内容	专业、实用、接地气

续表

人力资源	曹子祥教你做激励性薪酬设计 曹子祥 著	以激励性为指导,系统性地介绍了薪酬体系及关键岗位的薪酬设计模式	深入浅出,一本书学会薪酬设计
	曹子祥教你做绩效管理 曹子祥 著	复杂的理论通俗化,专业的知识简单化,企业绩效管理共性问题的解决方案	轻松掌握绩效管理
	把招聘做到极致 远鸣 著	作为世界500强高级招聘经理,作者数十年招聘经验的总结分享	带来职场思考境界的提升和具体招聘方法的学习
	人才评价中心·超级漫画版 邢雷 著	专业的主题,漫画的形式,只此一本	没想到一本专业的书,能写成这效果
	走出薪酬管理误区 全怀周 著	剖析薪酬管理的8大误区,真正发挥好枢纽作用	值得企业深读的实用教案
	集团化人力资源管理实践 李小勇 著	对搭建集团化的企业很有帮助,务实,实用	最大的亮点不是理论,而是结合实际的深入剖析
	我的人力资源咨询笔记 张伟 著	管理咨询师的视角,思考企业的HR管理	通过咨询师的眼睛对比很多企业,有启发
	本土化人力资源管理8大思维 周剑 著	成熟HR理论,在本土中小企业实践中的探索和思考	对企业的现实困境有真切体会,有启发
企业文化	36个拿来就用的企业文化建设工具 海融心胜 主编	数十个工具,为了方便拿来就用,每一个工具都严格按照工具属性、操作方法、案例解读划分,实用、好用	企业文化工作者的案头必备书,方法都在里面,简单易操作
	企业文化建设超级漫画版 邢雷 著	以漫画的形式系统教你企业文化建设方法	轻松易懂好操作
	华夏基石方法:企业文化落地本土实践 王祥伍 谭俊峰 著	十年积累、原创方法、一线资料,和盘托出	在文化落地方面真正有洞察,有实操价值的书
	企业文化的逻辑 王祥伍 著	为什么企业之间如此不同,解开绩效背后的文化密码	少有的深刻,有品质,读起来很流畅
	企业文化激活沟通 宋梓宸 安琪 著	透过新任HR总经理的眼睛,揭示出沟通与企业文化的关系	有实际指导作用的文化落地读本
	在组织中绽放自我:从专业化到职业化 朱仁健 王祥伍 著	个人如何融入组织,组织如何助力个人成长	帮助企业员工快速认同并投入到组织中去,为企业发展贡献力量
	企业文化定位·落地一本通 王明胤 著	把高深枯燥的专业理论创建成一套系统化、实操化、简单化的企业文化缔造方法	对企业文化不了解,不会做?有这一本从概念到实操,就够了
生产管理	精益思维:中国精益如何落地 刘承元 著	笔者二十余年企业经营和咨询管理的经验总结	中国企业需要灵活运用精益思维,推动经营要素与管理机制的有机结合,推动企业管理向前发展
	300张现场图看懂精益5S管理 乐涛 编著	5S现场实操详解	案例图解,易懂易学
	高员工流失率下的精益生产 余伟辉 著	中国的精益生产必须面对和解决高员工流失率问题	确实来源于本土的工厂车间,很务实
	车间人员管理那些事儿 岑立聪 著	车间人员管理中处理各种"疑难杂症"的经验和方法	基层车间管理者最闹心、头疼的事,'打包'解决

续表

生产管理	1. 欧博心法:好管理靠修行 2. 欧博心法:好工厂这样管 曾 伟 著	他是本土最大的制造业管理咨询机构创始人,他从400多个项目、上万家企业实践中锤炼出的欧博心法	中小制造型企业,一定会有很强的共鸣
	欧博工厂案例1:生产计划管控对话录 欧博工厂案例2:品质技术改善对话录 欧博工厂案例3:员工执行力提升对话录 曾 伟 著	最典型的问题、最详尽的解析,工厂管理9大问题27个经典案例	没想到说得这么细,超出想象,案例很典型,照搬都可以了
	工厂管理实战工具 欧博企管 编著	以传统文化为核心的管理工具	适合中国工厂
	苦中得乐:管理者的第一堂必修课 曾 伟 编著	曾伟与师傅大愿法师的对话,佛学与管理实践的碰撞,管理禅的修行之道	用佛学最高智慧看透管理
	比日本工厂更高效1:管理提升无极限 刘承元 著	指出制造型企业管理的六大积弊;颠覆流行的错误认知;掌握精益管理的精髓	每一个企业都有自己不同的问题,管理没有一封喉的秘笈,要从现场、现物、现实出发
	比日本工厂更高效2:超强经营力 刘承元 著	企业要获得持续盈利,就要开源和节流,即实现销售最大化,费用最小化	掌握提升工厂效率的全新方法
	比日本工厂更高效3:精益改善力的成功实践 刘承元 著	工厂全面改善系统有其独特的目的取向特征,着眼于企业经营体质(持续竞争力)的建设与提升	用持续改善力来飞速提升工厂的效率,高效率能够带来意想不到的高效益
	3A顾问精益实践1:IE与效率提升 党新民 苏迎斌 蓝旭日 著	系统的阐述了IE技术的来龙去脉以及操作方法	使员工与企业持续获利
	3A顾问精益实践2:JIT与精益改善 肖志军 党新民 著	只在需要的时候,按需要的量,生产所需的产品	提升工厂效率
	化工企业工艺安全管理实操 黄 娜 编著	化工企业工艺安全管理全指导	帮助企业树立安全意识,强化安全管理方法
	手把手教你做专业的生产经理 黄 娜 著	物流、信息流、资金流,让生产经理管理有抓手	从菜鸟到能把控全局
员工素质提升	TTT培训师精进三部曲(上):深度改善现场培训效果 廖信琳 著	现场把控不用慌,这里有妙招一用就灵	课程现场无论遇到什么样的情况都能游刃有余
	TTT培训师精进三部曲(中):构建最有价值的课程内容 廖信琳 著	这样做课程内容,学员有收获培训师也有收获	优质的课程内容是树立个人品牌的保证
	TTT培训师精进三部曲(下):职业功力沉淀与修为提升 廖信琳 著	从内而外提升自己,职业的道路一帆风顺	走上职业TTT内训师的康庄大道
	培训师,如何让你的事业长青:自我管理的10项法则 廖信琳 著	建立了一套完整的培训师自我管理体系,为培训师的职业成长与发展提供有益的指引	培训师如何在自己的职业道路上越走越高,事业长青,一直有所收获与成长?本书将给你答案
	管理咨询师的第一本书:百万年薪 千万身价 熊亚柱 著	从问题出发,发现问题、分析问题、解决问题,让两眼一抹黑的新人快速成长	管理咨询师初入职场,让这本书开启百万年薪之路

续表

	书名·作者	内容/特色	读者价值
员工素质提升	手把手教你做专业督导：专卖店、连锁店 熊亚柱 著	从督导的职能、作用，在工作中需要的专业技能、方法，都提供了详细的解读和训练办法，同时附有大量的表单工具	无论是店铺需要统一培训，还是个人想成为优秀的督导，有这一本就够了
	跟老板"偷师"学创业 吴江萍 余晓雷 著	边学边干，边观察边成长，你也可以当老板	不同于其他类型的创业书，让你在工作中积累创业经验，一举成功
	销售轨迹：一位快消品营销总监的拼搏之路 秦国伟 著	本书讲述了一个普通销售员打拼成为跨国企业营销总监的真实奋斗历程	激励人心，给广大销售员以力量和鼓舞
	在组织中绽放自我：从专业化到职业化 朱仁健 王祥伍 著	个人如何融入组织，组织如何助力个人成长	帮助企业员工快速认同并投入到组织中去，为企业发展贡献力量
	企业员工弟子规：用心做小事，成就大事业 贾同领 著	从传统文化《弟子规》中学习企业中为人处事的办法，从自身做起	点滴小事，修养自身，从自身的改善得到事业的提升
	手把手教你做顶尖企业内训师：TTT培训师宝典 熊亚柱 著	从课程研发到现场把控、个人提升都有涉及，易读易懂，内容丰富全面	想要做企业内训师的员工有福了，本书教你如何抓住关键，从入门到精通
	28天速成文案高手 秦士 安丽 著	解构优秀品牌和出彩文案背后的逻辑，28天循序渐进成为文案高手	让优质文案变成"智慧工厂"般的工序管理与稳定出品
	让投诉顾客满意离开：客户投诉应对与管理 孟广桥 著	立足于投诉处理的实践，剖析了不同投诉者投诉的特点和应对措施，并提供各种技巧方法、赢得客户信赖所需培养的品质修炼、处理投诉应掌握的法律法规等工具	是投诉处理人员适应岗位职能需要、提升工作技能的良师益友，是企业变诉为金、培养业务骨干的法宝

营销类：把客户需求融入企业各环节，提供"客户认为"有价值的东西

	书名·作者	内容/特色	读者价值
营销模式	精品营销战略 杜建君 著	以精品理念为核心的精益战略和营销策略	用精品思维赢得高端市场
	变局下的营销模式升级 程绍珊 叶宁 著	客户驱动模式、技术驱动模式、资源驱动模式	很多行业的营销模式被颠覆，调整的思路有了！
	动销操盘：节奏掌控与社群时代新战法 朱志明 著	在社群时代把握好产品生产销售的节奏，解析动销的症结，寻找动销的规律与方法	都是易读易懂的干货！对动销方法的全面解析和操盘
	弱势品牌如何做营销 李政权 著	中小企业虽有品牌但没名气，营销照样能做的有声有色	没有丰富的实操经验，写不出这么具体、详实的案例和步骤，很有启发
	老板如何管营销 史贤龙 著	高段位营销16招，好学好用	老板能看，营销人也能看
	洞察人性的营销战术：沈坤教你28式 沈坤 著	28个匪夷所思的营销怪招令人拍案叫绝，涉及商业竞争的方方面面，大部分战术可以直接应用到企业营销中	各种谋略得益于作者的横向思维方式，将其操作过的案例结合其中，提供的战术对读者有参考价值
	动销：产品是如何畅销起来的 吴江萍 余晓雷 著	真真切切告诉你，产品究竟怎么才能卖出去	击中痛点，提供方法，你值得拥有
	1000铁杆女粉丝 张兵武 著	连接是女性与生俱来的特性。能善用连接的营销人员，就像拿到打开女性荷包的钥匙	重新认识女性的传播力量
	360°谈营销：一位营销咨询师20年实战洞察 王清华 古怀亮 著	各个角度，全方位，多视点剥营销	思路单一，此书帮你破

续表

分类	书名/作者	内容简介	推荐语
营销模式	营销按钮：扣动一触即发的力量 老苗 著	提供各种奇形怪状的营销武器	一定会带给你不一样的思维震撼
	孙子兵法营销战 刘文新 著	逐句解读孙子兵法，以及在营销方面的感悟	帮助营销人用智慧打营销仗
销售	资深大客户经理：策略准，执行狠 叶敦明 著	从业务开发、发起攻势、关系培育、职业成长四个方面，详述了大客户营销的精髓	满满的全是干货
	大客户销售这样说这样做 陆和平 著	大客户销售十大模块68个典型销售场景应对策略和话术，直接拿来就用	从"为什么要这么干"到"干什么、怎么干"
	成为资深的销售经理：B2B、工业品 陆和平 著	围绕"销售管理的六个关键控制点"——展开，提供销售管理的专业、高效方法	方法和技术接地气，拿来就用，从销售员成长为经理不再犯难
	销售是门专业活：B2B、工业品 陆和平 著	销售流程就应该跟着客户的采购流程和关注点的变化向前推进，将一个完整的销售过程分成十个阶段，提供具体方法	销售不是请客吃饭拉关系，是个专业的活计！方法在手，走遍天下不愁
	向高层销售：与决策者有效打交道 贺兵一 著	一套完整有效的销售策略	有工具，有方法，有案例，通俗易懂
	学话术 卖产品 张小虎 著	分析常见的顾客异议，将优秀的话术模块化	让普通导购员也能成为销售精英
组织和团队	升级你的营销组织 程绍珊 吴越舟 著	用"有机性"的营销组织替代"营销能人"，营销团队变成"铁营盘"	营销队伍最难管，程老师不愧是营销第1操盘手，步骤方法都很成熟
	用数字解放营销人 黄润霖 著	通过量化帮助营销人员提高工作效率	作者很用心，很好的常备工具书
	成为优秀的快消品区域经理（升级版） 伯建新 著	用"怎么办"分析区域经理的工作关键点，增加30%全新内容，更贴近环境变化	可以作为区域经理的"速成催化器"
	成为资深的销售经理：B2B、工业品 陆和平 著	围绕"销售管理的六个关键控制点"——展开，提供销售管理的专业、高效方法	方法和技术接地气，拿来就用，从销售员成长为经理不再犯难
	一位销售经理的工作心得 蒋军 著	一线营销管理人员想提升业绩却无从下手时，可以看看这本书	一线的真实感悟
	快消品营销：一位销售经理的工作心得2 蒋军 著	快消品、食品饮料营销的经验之谈，重点突出	来源于实战的精华总结
	销售轨迹：一位快消品营销总监的拼搏之路 秦国伟 著	本书讲述了一个普通销售员打拼成为跨国企业营销总监的真实奋斗历程	激励人心，给广大销售员以力量和鼓舞
	用营销计划锁定胜局：用数字解放营销人2 黄润霖 著	全方位教你怎么做好营销计划，好学好用真简单	照搬套用就行，做营销计划再也不头痛
	快消品营销人的第一本书：从入门到精通 刘雷 伯建新 著	快消行业必读书，从入门到专业	深入细致，易学易懂
产品	产品开发管理方法·流程·工具：从作坊式到规范化 任彭枞 著	产品研发管理体系全指导	既有工具，又能开拓思路
	新产品开发管理，就用IPD（升级版） 郭富才 著	10年IPD研发管理咨询总结，国内首部IPD专业著作	一本书掌握IPD管理精髓

	书名・作者	内容/特色	读者价值
产品	这样打造大单品：案例 策略 方法 迪智成咨询团队 著	囊括十三个不同行业、企业的实际案例，从不同角度详细剖析，总结了这些品牌厂家打造大单品的成功经验或者失败教训	厘清大单品打造的策划与路径，得出持续经营的思路与方法
	研发体系改进之道 靖 爽 陈年根 马鸣明 著	提出一套系统性的方法与工具	指引企业少走弯路，提高成功率
	资深项目经理这样做新产品开发管理 秦海林 著	以 IPD 为思想，系统讲解新产品开管理的细节	提供管理思路和实用工具
	产品炼金术Ⅰ：如何打造畅销产品 史贤龙 著	满足不同阶段、不同体量、不同行业企业对产品的完整需求	必须具备的思维和方法，避免在产品问题上走弯路
	产品炼金术Ⅱ：如何用产品驱动企业成长 史贤龙 著	做好产品、关注产品的品质，就是企业成功的第一步	必须具备的思维和方法，避免在产品问题上走弯路
品牌	中小企业如何建品牌 梁小平 著	中小企业建品牌的入门读本，通俗、易懂	对建品牌有了一个整体框架
	采纳方法：破解本土营销8大难题 朱玉童 编著	全面、系统、案例丰富、图文并茂	希望在品牌营销方面有所突破的人，应该看看
	中国品牌营销十三战法 朱玉童 编著	采纳20年来的品牌策划方法，同时配有大量的案例	众包方式写作，丰富案例给人启发，极具价值
	今后这样做品牌：移动互联时代的品牌营销策略 蒋 军 著	与移动互联紧密结合，告诉你老方法还能不能用，新方法怎么用	今后这样做品牌就对了
	中小企业如何打造区域强势品牌 吴 之 著	帮助区域的中小企业打造自身品牌，如何在强壮自身的基础上往外拓展	梳理误区，系统思考品牌问题，切实符合中小区域品牌的自身特点进行阐述
渠道通路	深度分销：掌控渠道价值链 施 炜 著	制造商通过掌控渠道价值链，将管理触角延伸至零售层面及顾客现场，对市场根部精耕细作，从而挖掘需求，构筑区域市场尤其是三四级市场的竞争壁垒	深度分销是中国企业对世界营销的独特贡献。实践证明，互联网时代深度分销仍有生命力
	快消品营销与渠道管理 谭长春 著	将快消品标杆企业渠道管理的经验和方法分享出来	可口可乐、华润的一些具体的渠道管理经验，实战
	传统行业如何用网络拿订单 张 进 著	给老板看的第一本网络营销书	适合不懂网络技术的经营决策者看
	采纳方法：化解渠道冲突 朱玉童 编著	系统剖析渠道冲突，21个渠道冲突案例、情景式讲解，37篇讲义	系统、全面
	学话术 卖产品 张小虎 著	分析常见的顾客异议，将优秀的话术模块化	让普通导购员也能成为销售精英
	向高层销售：与决策者有效打交道 贺兵一 著	一套完整有效的销售策略	有工具，有方法，有案例，通俗易懂
	通路精耕操作全解：快消品20年实战精华 周 俊 陈小龙 著	通路精耕的详细全解，每一步的具体操作方法和表单全部无保留提供	康师傅二十年的经验和精华，实践证明的最有效方法，教你如何主宰通路

管理者读的文史哲・生活

	书名・作者	内容/特色	读者价值
思想・文化	德鲁克管理思想解读 罗 珉 著	用独特视角和研究方法，对德鲁克的管理理论进行了深度解读与剖析	不仅是摘引和粗浅分析，还是作者多年深入研究的成果，非常可贵
	德鲁克与他的论敌们：马斯洛、戴明、彼得斯 罗 珉 著	几位大师之间的论战和思想碰撞令人受益匪浅	对大师们的观点和著作进行了大量的理论加工，去伪存真、去粗存精，同时有自己独特的体系深度

续表

	德鲁克管理学 张远凤 著	本书以德鲁克管理思想的发展为线索,从一个侧面展示了20世纪管理学的发展历程	通俗易懂,脉络清晰
	王阳明"万物一体"论:从"身-体"的立场看(修订版) 陈立胜 著	以身体哲学分析王阳明思想中的"仁"与"乐"	进一步了解传统文化,了解王阳明的思想
	自我与世界:以问题为中心的现象学运动研究 陈立胜 著	以问题为中心,对现象学运动中的"意向性""自我""他人""身体"及"世界"各核心议题之思想史背景与内在发展理路进行深入细致的分析	深入了解现象学中的几个主要问题
	作为身体哲学的中国古代哲学 张再林 著	上篇为中国古代身体哲学理论体系奠基性部分,下篇对由"上篇"所开出的中国身体哲学理论体系的进一步的阐发和拓展	了解什么是真正原生态意义上的中国哲学,把中国传统哲学与西方传统哲学加以严格区别
	中西哲学的歧异与会通 张再林 著	本书以一种现代解释学的方法,对中国传统哲学内在本质尝试一种全新的和全方位的解读	发掘出掩埋在古老传统形式下的现代特质和活的生命,在本质上揭示中西哲学"你中有我,我中有你"之旨
	治论:中国古代管理思想 张再林 著	本书主要从儒、法墨三家阐述中国古代管理思想	看人本主义的管理理论如何不留斧痕地克服似乎无法调解的存在于人类社会行为与社会组织中的种种两难和对立
	车过麻城 再晤李贽 张再林 著	系统全面而又简明扼要地展示了李贽独到的学术魅力和超拔的理论建树	帮助读者重新认识李贽的思想
思想·文化	中国古代政治制度(修订版)上:皇帝制度与中央政府 刘文瑞 著	全面论证了古代皇帝制度的形成和演变的历程	有助于读者从政治制度角度了解中国国情的历史渊源
	中国古代政治制度(修订版)下:地方体制与官僚制度 刘文瑞 著	全面论证了古代地方政府的发展演变过程	有助于读者从政治制度角度了解中国国情的历史渊源
	中国思想文化十八讲(修订版) 张茂泽 著	中国古代的宗教思想文化,如对祖先崇拜、儒家天命观、中国古代关于"神"的讨论等	宗教文化和人生信仰或信念紧密相联,在文化转型时期学习和研究中国宗教文化就有特别的现实意义
	史幼波《大学》讲记 史幼波 著	用儒释道的观点阐释大学的深刻思想	一本书读懂传统文化经典
	史幼波《周子通书》《太极图说》讲记 史幼波 著	把形而上的宇宙、天地,与形而下的社会、人生、经济、文化等融合在一起	将儒家的一整套学修系统融合起来
	史幼波《中庸》讲记(上下册) 史幼波 著	全面、深入浅出地揭示儒家中庸文化的真谛	儒释道三家思想融会贯通
	梁涛讲《孟子》之万章篇 梁涛 著	《万章》主要记录孟子与万章的对话,涉及孝道、亲情、友情、出仕为官等	作者的解读能帮助读者更好地理解孟子及儒学
	两晋南北朝十二讲(修订版) 李文才 著	作为一本普及性读物,作者尊重史实,运用"历史心理学"的叙事方法,分12个专题对两晋南北朝的历史进行阐述	让读者轻松了解两晋南北朝的历史
	每个中国人身上的春秋基因 史贤龙 著	春秋368年(公元前770－公元前403年),每一个中国人都可以在这段时期的历史中找到自己的祖先,看到真实发生的事件,同时也看到自己	长情商、识人心
	与《老子》一起思考:德篇 与《老子》一起思考:道篇 史贤龙 著	打通文史,回归哲慧,纵贯古今,放眼中外,妙语迭出,在当今的老子读本中别具一格	深读有深读的回味,浅尝有浅尝的机敏,可给读者不同的启发